# BIBLIOTHÈQUE

## DES

# ÉCOLES CHRÉTIENNES

APPROUVÉE

PAR S. ÉM. LE CARDINAL ARCHEVÊQUE DE TOURS

—

## 2e SÉRIE

Tippo-Saëb, assiégé dans sa capitale par deux armées
anglaises, fut tué sur la brèche.

# HISTOIRE

## DES

# COLONIES FRANÇAISES

### ET DES

## ÉTABLISSEMENTS FRANÇAIS

### EN AMÉRIQUE, EN AFRIQUE, EN ASIE ET EN OCÉANIE

DEPUIS LEUR FONDATION JUSQU'A NOS JOURS

D'après les documents publiés par le Ministère de la marine et des colonies.

PAR J.-J.-E. ROY

## TOURS

A<sup>d</sup> MAME ET C<sup>te</sup>, IMPRIMEURS-LIBRAIRES

—

1855

# HISTOIRE

## DES

# COLONIES FRANÇAISES

#### DEPUIS LEUR FONDATION JUSQU'A NOS JOURS

## CHAPITRE I

Ce que l'on entend par colonie. — Colonies anciennes. — Colonies modernes. — Leur division. — Colonies de conquête. — Colonies de commerce et de relâche. — Colonies d'agriculture. — Colonies de plantations. — Découvertes et colonies des Portugais, des Espagnols, des
Hollandais, des Anglais. — Ce que chacune de ces puissances conserve
aujourd'hui de colonies. — Réfutation du préjugé sur l'incapacité de
la France pour établir des colonies. — Découvertes et établissements
des Français au delà des mers depuis le milieu du XIVᵉ siècle. — Ce qui
nous reste actuellement de nos colonies.

Les colonies sont des établissements formés, dans
d'assez vastes proportions, en dehors du sol de la
patrie, soit que la souche du nouveau rameau soit un
État, une province, une localité isolée, une nation
entière ou bien une simple communauté. Les colonies
remontent aux premiers âges du monde ; aussi, ce
serait presque faire l'histoire des migrations des
peuples depuis les temps les plus reculés, que de
raconter de quelle manière se sont formées les plus
anciennes colonies.

1

Les colonies modernes, les seules dont nous ayons à nous occuper ici, n'ont que peu de rapport avec les colonies anciennes. On les divise communément en colonies de conquête, en colonies de commerce ou de relâche, en colonies d'agriculture, et en colonies de plantations.

Les *colonies de conquête* sont celles où le colon cherche bien moins à tirer profit de sa production particulière que de l'exploitation politique et militaire des indigènes. Ce genre de colonies était le plus connu des anciens; on doit ranger dans cette catégorie, par exemple, les fondations d'états faites par Alexandre le Grand et par ses successeurs en orient; par les Normands en Angleterre, en France, en Italie; par les croisés en Palestine et sur les côtes de la mer Noire; par les Anglais en Irlande, et surtout par les Espagnols en Amérique. On peut encore y comprendre les établissements fondés de nos jours par les Anglais dans les Indes, et par la France en Algérie.

Les *colonies de commerce* ont eu presque toutes pour point de départ des factoreries de commerce créées dans des contrées inhospitalières, à l'effet de donner au commerce plus de sécurité et de commodité. Des conquêtes s'y rattachèrent assez souvent. Dans l'antiquité, ce sont les colonies fondées en Espagne par les Phéniciens et par les Carthaginois qui nous offrent les exemples les plus remarquables d'un développement de ce genre; dans l'histoire moderne, les colonies portugaises, hollandaises, françaises et anglaises des Indes orientales, peut-être même, avant peu, la Chine.

Les *colonies de relâche* servent d'étapes, de stations intermédiaires à un commerce dont le centre est situé beaucoup plus loin. Elles sont d'une grande utilité pour les longs voyages par mer et dans les contrées inhabitées ou barbares. A cet égard on peut citer les colonies fondées sur les côtes d'Afrique par les Portugais pour venir en aide à leur commerce avec les grandes Indes, et encore la ville du Cap, Singapore, etc. Nos nouveaux établissements aux Marquises et aux îles de la Société dans l'Océanie sont de véritables colonies de relâche. Dans les colonies de commerce et de relâche, la plupart des colons ne vont s'y établir que pour y faire fortune par le négoce, et avec l'intention de revenir sur leurs vieux jours se fixer dans la mère patrie.

Dans les *colonies d'agriculture,* au contraire, les colons doivent s'y faire une nouvelle patrie, sans espoir de retour aux lieux qui les virent naître, attendu que dans la règle ce sont seulement les fils et même les petits-fils qui récoltent complétement ce que leurs pères ont semé. La Sicile et la basse Italie furent le principal théâtre de ces sortes de colonies pour les Grecs; et, pour les peuples modernes, l'Amérique du Nord, la Sibérie et la Nouvelle-Hollande.

On a donné le nom de *colonies de plantations* à celles qui produisent des denrées ou des articles de luxe auxquels le climat de la mère patrie se prête peu ou point du tout. Ce genre de colonies n'était pas connu des anciens : c'est au contraire celui qui a été le plus pratiqué par les modernes depuis la découverte de l'Amérique, et l'introduction dans le commerce et la consommation de denrées qui ne croissent que dans les régions tropicales, et que l'on désigne ordinairement sous le nom de denrées coloniales. La plupart de ces articles exigent une culture dont les pratiques se rapprochent de celles du jardinage ; dès lors un travail énorme, dont les Européens sont à peu près incapables, et auquel on a employé des travailleurs tirés des régions tropicales mêmes, c'est-à-dire ordinairement des esclaves nègres.

Chaque colonie ne conserve pas toujours le caractère particulier qu'a dû lui imprimer sa constitution
primitive, comme colonie de conquête, de commerce, d'agriculture ou de plantations; il arrive quelquefois qu'elles quittent l'un pour prendre l'autre.
C'est ainsi que le cap de Bonne-Espérance, de colonie
de relâche et de commerce, est devenu colonie d'agriculture; que de colonie de commerce, Java est devenue
colonie de plantations, et que notre conquête de l'Algérie se transforme en colonie d'agriculture.

Après avoir fait connaître ce que l'on entend par
colonies et leurs différentes espèces, nous allons jeter
un coup d'œil rapide sur les établissements de cette
nature fondés par les Européens dans les deux Indes,
et indiquer sommairement ce que chaque nation
étrangère possède aujourd'hui au delà des mers.

Au moyen âge, avant la découverte de l'Amérique
et de la route des Indes par le cap de Bonne-Espérance, aucune puissance européenne ne possédait
d'établissement au delà des mers. C'était dans la Médi-
terranée que se faisait alors le plus grand commerce,
principalement exploité par les petits États d'Italie,
Venise, Gênes, la Toscane, etc., concurremment avec
quelques villes maritimes de la Catalogne. Le commerce entre l'Inde et le continent de l'Europe et de
l'Asie se faisait par Ormuz et Aden, et par les golfes
Persique et Arabique. Alep, Damas, le port de Baïrout,
mais principalement l'Égypte, en avaient été jusque-là
les entrepôts principaux et à peu près uniques. Tant
que le commerce, enchaîné à la voie de terre, fut
entre les mains de petits États, il resta sans importance; mais il reçut une extension immense au moment où, après la découverte de l'Amérique et de la
route maritime des Indes, les Espagnols et les Portugais prirent rang parmi les puissances commerciales,
et songèrent à monopoliser le commerce du monde.

Les Portugais entreprirent les premiers voyages de découverte vers l'an 1410. — Ils découvrirent Madère en 1419, le cap Boïador en 1439, le cap Vert en 1446, les Açores en 1448, les îles du cap Vert en 1449, et ils s'avancèrent jusqu'à Sierra-Léone. Ils visitèrent le Congo en 1484, et deux années plus tard, en 1486, Barthélemy Diaz poussa jusqu'au fameux cap que ce navigateur nomma d'abord le cap des Tempêtes, et auquel le roi Jean donna le nom de cap de Bonne-Espérance. Enfin, douze ans après, Vasco de Gama arrive aux Indes orientales, et débarque le 20 mai à Calicut, sur la côte de Malabar, où les Portugais parvinrent à établir une immense puissance, dont Goa devint le siége.

Les Espagnols commencèrent presque en même temps que les Portugais à former et à exploiter des colonies. Le 11 octobre 1492, Christophe Colomb avait découvert le Nouveau-Monde et pris possession, au nom de l'Espagne, de l'île de San-Salvador. Dans ses trois autres voyages, il découvrit le groupe d'îles où se trouve Saint-Domingue (Hispaniola), et la partie du nouveau continent appelée Terre-Ferme. Bientôt les conquêtes de Fernand Cortez au Mexique, de Pizarre et de ses compagnons au Pérou, au Chili, etc., etc., donnèrent à l'Espagne de vastes empires sur ce nouveau continent.

Les Hollandais vinrent après les Espagnols et les Portugais. Les Moluques et les grandes îles de la Sonde furent le noyau de la puissance hollandaise dans ces parages.

L'Angleterre n'a commencé qu'à la fin du xvie et dans les premières années du xviie siècle à fonder dans l'Amérique du Nord ces colonies qui devaient prendre une extension si importante, et qui forment de nos jours la puissante république des États-Unis. Vers la même époque, elle songeait aussi, à l'exemple des Portugais et des Hollandais, à fonder dans les Indes orientales des colonies de commerce et de conquête, et sa première compagnie des Indés orientales date de l'an 1600; mais ce n'est qu'au xviiiᵉ siècle que la puissance anglaise prit dans ces contrées une importance sérieuse, présage de la domination immense qu'elle y exerce aujourd'hui.

Voyons ce qui reste actuellement de possessions transmaritimes aux nations dont nous venons de parler.

Les Portugais ont perdu leurs colonies de commerce et de conquête dans les Indes orientales, fondées à partir du voyage de Vasco de Gama, en 1498. Cette perte fut en grande partie occasionnée par les guerres qu'ils eurent à soutenir avec les Hollandais au commencement du xviiⁱᵉ siècle. Ils possédaient dans l'Amérique méridionale une immense colonie d'agriculture et de plantations : le Brésil, qui pouvait jusqu'à un certain point compenser la perte des Indes; mais en 1822, cette colonie, sous la conduite de leur propre prince royal, se détacha de la mère patrie, pour former l'empire actuel du Brésil. Ils ne possèdent plus par conséquent aujourd'hui que Goa, des factoreries avec territoire à Timor (l'une des îles de la Sonde), et à Macao en Asie ; les îles du cap Vert, Madère et Porto-Santo ; les côtes de Mozambique, d'Angola, et diverses petites factoreries disséminées sur la côte de Guinée et de Sénégambie en Afrique ; les Açores en Europe.

L'Espagne a été longtemps la première puissance coloniale du monde, et au temps de Charles-Quint elle pouvait dire avec vérité que le soleil ne se couchait jamais sur ses possessions. Il n'y a pas un demi-siècle qu'elle possédait encore en dehors de l'Europe un territoire vingt-deux à vingt-trois fois plus étendu que la France. Mais à partir de 1809, et après de longues et sanglantes luttes, toutes les colonies qu'elle possédait sur le continent américain se sont déclarées indépendantes, sans avoir pu jusqu'à ce jour, ni les unes ni les autres, arriver à jouir d'un état complet de calme et de sécurité. Aussi, en fait de colonies, l'Espagne ne possède-t-elle plus que les suivantes : en Asie, les îles Philippines, les îles Bissayes, les îles Mariannes et les différents petits groupes qui s'y rattachent, mais renfermant un très-grand nombre de contrées tout à fait indépendantes ou encore à peu près inconnues, et où elle n'exerce sa suprématie que par des moyens purement spirituels ; en Afrique, les îles Canaries et ce qu'on appelle les *Presidios*, c'est-à-dire des places fortes, situées sur la rive nord-ouest de l'Afrique ; enfin, quelques îlots sur la côte de Guinée, entre autres Amrabon ; en Amérique, Cuba, Porto-Rico et quelques autres îles de moindre importance. Cuba est devenue dans ces derniers temps la plus importante des colonies espagnoles ; ce serait une perte irréparable pour la mère patrie, si jamais les États-Unis réussissaient à la lui enlever, ainsi qu'on leur en suppose l'intention.

Les Hollandais possèdent encore de nos jours, sauf le Cap, à peu près les mêmes colonies qu'à l'époque de leur plus grande prospérité. Dans ces derniers temps elles ont même pris bien plus d'importance pour eux, car aujourd'hui ce sont les riches produits des îles de la Sonde qui maintiennent en équilibre leurs finances, si gravement obérées. En Asie, ils possèdent, en partie depuis le commencement du xvie siècle, Java, Madura, Banca, Timor, les Moluques, et en outre diverses parties de Sumatra, des Célèbes et de Bornéo. Leur établissement à Sumatra ne date que de 1821, et le champ qui s'offre ici à leur activité est pour ainsi dire illimité. Il faut encore ajouter à ce bilan de la puissance coloniale hollandaise quelques comptoirs sur la Côte-d'Or; en Amérique, une partie de la Guyane (Surinam), et dans les îles de l'archipel des Indes occidentales, Curaçao, Saint-Martin, Saint-Eustache et Saba, dont l'importance principale consistait autrefois dans les facilités qu'elles offraient pour faire la contrebande avec l'Amérique espagnole.

L'Angleterre est aujourd'hui la première puissance coloniale du monde, quoique la séparation des États-Unis lui ait fait perdre ses plus belles et ses plus anciennes colonies. Elle possède actuellement dans l'Amérique septentrionale : les deux Canadas, le Nouveau-Brunswick, la Nouvelle-Écosse, le cap Breton, Terre-Neuve, et l'incommensurable territoire de la compagnie de la baie d'Hudson. Dans les Indes occidentales ou les Antilles : Antigoa, la Barbade, la Dominique, Grenade, la Jamaïque, les îles des Vierges, Anguilla, Saint-Christophe, Sainte-Lucie, Saint-Vincent, Tabago, la Trinité, les îles Bahama, et les Bermudes. Sur la Terre-Ferme de l'Amérique centrale et méridionale : Demerary, Essequebo, Berbice et Honduras, plus les îles Falckland. En Afrique : le cap de Bonne-Espérance (depuis 1806), Sierra-Leone, des comptoirs sur la Côte-d'Or et en Sénégambie, enfin l'île Maurice, ci-devant l'Ile-de-France, Sainte-Hélène, l'Ascension, les îles Seychelles, les îles Amirantes et de Fernando-Po. — Les colonies de l'Australie (depuis 1788) : la Nouvelle-Galles du sud, la Terre de Van-Diemen. En Asie : le territoire immense occupé par la compagnie des Indes orientales et ses États feudataires, et comprenant un empire de plus de cent cinquante millions d'habitants. Il faut y ajouter Ceylan, pris aux Hollandais en 1793; Hong-Kong en Chine (depuis 1842), Singapore, Penang, Wellesley, Malacca et quelques possessions dans l'île de Bornéo. Enfin, en Europe même,

Gibraltar, Malte, les îles Ioniennes et Helgoland.

Après les puissances dont nous venons de parler, les établissements coloniaux des autres nations européennes, à l'exception de ceux de la France, sont très-secondaires. Le Danemark ne possède, outre l'Islande et le Groënland, que les îles Saint-Thomas, Saint-Jean ét Sainte-Catherine, dans les Antilles. Il possédait dans les Indes orientales un territoire d'une certaine étendue, qu'il a vendu en 1845 à l'Angleterre, à l'exception des îles inutiles de Nicobar.

Les colonies suédoises sont encore moins importantes, et ne se composent que de l'île Saint-Barthélemy (depuis 1784), dans les Antilles.

La Russie a fondé sur la côte nord-ouest de l'Amérique du Nord des colonies de commerce organisées sur le modèle des établissements anglais de la baie d'Hudson. Aucune des autres puissances de l'Europe ne possède de colonies (1).

Quant à la France, que l'on a souvent accusée d'être incapable de coloniser, nous verrons dans cet aperçu sur l'histoire et l'état actuel de nos colonies, si une telle assertion peut être sérieusement soutenue. Saint-Domingue, le Canada, la Louisiane, l'Ile-de-France, plusieurs pays de l'Inde, étaient parfaitement colonisés lorsque nos ennemis ou la révolte nous les ont enlevés: Saint-Domingue, notamment, qu'à bon droit on nommait la reine des Antilles, était la plus belle colonie de l'univers. Ce ne sont pas là des preuves attestant que la France ne sache pas coloniser.

On a dit aussi que la France n'était venue qu'à la suite des autres grandes nations de l'Europe dans

(1) Nous avons pris une partie des renseignements que nous donnons ici sur les colonies actuelles des puissances européennes, dans l'article COLONIES du nouveau *Dictionnaire de la Conversation*, tome VI, page 66, et ceux qui suivent dans les notices sur les colonies publiées par le ministère de la marine.

1*

le grand mouvement de découvertes géographiques et de colonisation qui eut lieu au xv^e et au xvi^e siècle. C'est une erreur que, l'histoire à la main, il est facile de réfuter ; la France avait au contraire précédé les autres nations de plus d'un siècle. Dès le milieu du xiv^e siècle, elle avait fait d'immenses découvertes et fondé d'importantes colonies en Afrique ; et l'on serait même presque en droit de regarder la tentative faite par saint Louis contre Tunis comme une première manifestation de cette tendance de la France à s'étendre et à propager au loin ses idées.

Aucun gouvernement chez nous n'a jamais failli à la mission civilisatrice de la nation. Charles VIII allait s'entendre avec Christophe Colomb et lui donner ces vaisseaux qu'il avait vainement sollicités partout, lorsque Isabelle, déterminée peut-être par la connaissance de ce fait, ordonna l'expédition.

Le cardinal d'Amboise envoya Aubert en Amérique, et celui-ci découvrit le Canada.

François I^er, à son tour, fit faire d'autres tentatives ; mais alors la France, occupée de combattre pour sauver l'indépendance de l'Europe menacée par Charles-Quint, ne pouvait prêter une attention exclusive à la fondation de colonies lointaines.

Plus tard, Villegagnon s'établit au Brésil. Sully, Richelieu, Colbert, Choiseul, Vergennes, Turgot, tous nos grands ministres, ont compris l'importance des colonies, auxquelles ils ont consacré tous leurs soins. La nation elle-même a toujours, en ce point, secondé ses gouvernants : c'est ce que prouvent sans réplique les nombreuses compagnies qui se formèrent dans le cours du xvii^e siècle pour l'exploitation des possessions françaises en Afrique et dans les deux Indes ; c'est ce que prouve avant tout la liste chronologique qui suit (1) :

(1) *La France*, par Ch.-Ph. Lebas.

*Liste chronologique des colonies fondées par les Français,
et des tentatives qu'ils ont faites à différentes époques
pour former des établissements au delà des mers.*

1365. Colonies fondées par les Dieppois au Sénégal et
dans la Guinée. — Vers 1400. Établissements de Béthen-
court aux Canaries. — Vers 1491. Charles VIII appelle
Christophe Colomb. — 1503. Tentatives commerciales
dans les Indes. — 1506. Aubert découvre le Canada. —
1525. Le Florentin Jean Verazzani prend possession de
Terre-Neuve au nom du roi de France. — 1535. Jacques
Cartier à Terre-Neuve et au Canada. — 1541. Premier
établissement au cap Breton. — 1557. Établissement de
Villegagnon à Rio-Janeiro. — 1560. Établissement au
bastion de France (Algérie). — 1604. Développement
de la colonie de Terre-Neuve en vue de la pêche de
la morue. — 1608. Établissements dans l'Acadie, au
Canada. — Fondation de Québec. — 1624. Premiers
établissements dans l'Inde. — 1625. Établissement à Saint-
Christophe (Antilles). — 1626. Établissement à Sinna-
mary (Guyane). — Premier établissement au Sénégal.
— 1628. Nouvel établissement au bastion de France.
— 1630. Établissement à Conananca (Guyane). — 1634.
Établissement à Cayenne. — 1635. Établissements à la
Martinique et à la Guadeloupe. — 1642. Établissement
à l'île Bourbon. — Premier établissement à Madagascar.
— 1644. Construction du fort Dauphin à Madagascar. —
1664. Colbert acquiert dans les Antilles : Saint-Domingue,
Sainte-Lucie, Grenade, les Grenadilles, Marie-Galande,
Saint-Martin, Saint-Christophe, Saint-Barthélemy, Sainte-
Croix, la Tortue. — 1667. Acquisition de l'île de Gorée,
d'Arguin, de Portendyck (Sénégal). — 1668. Fondation
du comptoir de Surate (Inde). — 1672. Acquisition de
Trinquemale, à Ceylan. — Acquisition de Saint-Thomé,
sur la côte de Coromandel. — 1680. Établissement à la
Louisiane. — 1683. Acquisition de Pondichéry. — 1688.
Fondation de Chandernagor. — 1965. Fondation du comp-

toir d'Albréda (Sénégal). — 1712. Fondation de l'Ile-de-
France. — 1713. Nouvel établissement au cap Breton ou
Ile-Royale (golfe Saint-Laurent). — 1727. Établissement
à Mahé (Inde). — 1739. Établissement à Karikal. —
1746. Acquisition de Madras. — 1749. Établissement à
l'île Saint-Jean (golfe Saint-Laurent). — Établissement à
Sainte-Marie de Madagascar. — 1752. Établissement à
Yanaon, et à Mazulipatan. — 1758. Conquêtes de Dupleix
sur la côte de Coromandel. — 1764. Établissement à Saint-
Pierre et à Miquelon. — 1774. Établissement dans la baie
d'Antongil (Madagascar). — 1783. Acquisition de Tabago.
— 1798. Conquête de Malte et de l'Égypte. — 1818. Établissement du fort Bakel (Sénégal). — 1821. Nouvel établissement à Sainte-Marie de Madagascar. — 1825. Nouvel
établissement de Saint-Charles, au Sénégal. — 1829.
Nouvel établissement de Tiutingue (Madagascar). — 1830.
Conquête de l'Algérie. — 1842. Établissement aux îles
Marquises et de la Société. — 1843. Prise de possession
des comptoirs d'Assinie et du Gabon.

Dès avant 1789, les événements de la guerre nous
avaient fait perdre la plus grande partie de nos possessions dans les deux Indes. Aux Indes orientales,
la supériorité de l'Angleterre fut décidée par les suites
de la guerre de sept ans, quoique de 1740 à 1750,
la fortune de la France ait eu quelques brillants in-
tervalles dans ces lointains parages. En Amérique, la
France avait pris possession du Canada et de l'Acadie
dès les premières années du XVIIe siècle, plus tard de
Cayenne, de Saint-Domingue et de quelques autres
petites Antilles; en 1699, de la Louisiane. Mais dès
1713, elle était contrainte de céder l'Acadie à l'Angleterre; en 1763, elle lui abandonna le Canada; en
1803, elle vendit la Louisiane aux États-Unis, et la
même année elle perdit Saint-Domingue par suite de
l'insurrection de la population noire. Enfin, le traité
de paix de 1814, en lui ravissant Sainte-Lucie et

Tabago, l'île de France et les Seychelles, a réduit ses possessions coloniales aux établissements ci-après :

En Amérique. — La Martinique, la Guadeloupe, Marie-Galande, la Désirade, les Saintes, une partie de l'île Saint-Martin, la Guyane française, Saint-Pierre et Miquelon.

En Afrique. — Le Sénégal et Gorée; Bourbon ou l'île de la Réunion, Sainte-Marie, Nossi-Bé et Mayotte, près de Madagascar, et divers ports sur la grande île de ce nom.

En Asie. — Pondichéry et Karikal, à la côte de Coromandel; Mahé à la côte de Malabar; Yanaon à la côte d'Orixa, et Chandernagor au Bengale.

Nous ajouterons à cette nomenclature l'Algérie, depuis 1830 ; en Australie, depuis 1842, les îles Marquises et les îles de la Société; enfin dans l'Océanie, tout récemment, la Nouvelle-Calédonie.

Nous allons raconter l'origine et l'histoire de ces divers établissements, et présenter, d'après des documents authentiques, le tableau de leur situation actuelle. Si dans le cours de ce récit, l'occasion se présente de parler de quelques-unes des colonies que nous avons perdues, nous ne manquerons pas de le faire, persuadés qu'on ne lira pas sans intérêt des détails sur la situation actuelle de ceux des habitants de ces contrées qui, descendant de colons français, ont conservé notre langue, notre religion, nos mœurs, et qui se regardent toujours comme nos frères, quoique la politique les ait séparés de nous.

# CHAPITRE II

Observations générales communes à nos colonies. — Population. —
Législation. — Administration. — Agriculture. — Commerce.

Avant d'entrer dans les détails sur l'histoire et la
situation de chacune de nos colonies, nous réunirons
dans ce chapitre quelques généralités qui leur sont
communes, ce qui nous évitera ainsi, dans les articles particuliers consacrés à chacune d'elles, de répéter des faits et des considérations qui s'appliquent
aux unes aussi bien qu'aux autres. C'est surtout sous
le rapport de la population, de la législation, de l'administration, de l'agriculture et du commerce, que
les colonies françaises offrent entre elles plusieurs
similitudes que nous allons signaler. Toutefois il ne
sera pas question ici de l'Algérie, qui ne ressemble
en rien à nos autres colonies, et dont l'importance est
telle, qu'elle mérite à elle seule un ouvrage à part.

Population. — Les éléments dont se compose la
population permanente et sédentaire de nos colonies
se composent, à la Martinique, à la Guadeloupe, à
la Guyane, au Sénégal et à l'île de la Réunion,
1° d'individus de race blanche européenne ; 2° d'individus de race noire africaine ; 3° des variétés de sang
mêlé provenant du croisement de ces deux races. On
compte en outre, à la Réunion, un certain nombre
d'Indiens, et bientôt on en comptera aussi à la Martinique et à la Guadeloupe, où l'on en transporte
depuis l'abolition de l'esclavage dans ces colonies.
Dans nos établissements de l'Inde, la population se

compose de blancs, de métis et d'Indiens libres; aux îles Saint-Pierre et Miquelon, de blancs seulement. La population flottante, c'est-à-dire qui se renouvelle par les arrivées et par les départs, se compose du personnel civil et militaire salarié par le gouvernement, de pacotilleurs (1), de subrécargues, des marins composant les équipages des bâtiments de commerce et de l'État, et de personnes que des affaires de commerce ou des intérêts privés appellent passagèrement dans les colonies.

Jusqu'en 1848, la population dans nos quatre principales colonies était divisée en deux classes, celle des libres et celle des esclaves. Un décret du 27 avril 1848 a aboli cette distinction avec l'esclavage des noirs; mais ce décret n'a pu effacer la distinction qui résulte de la couleur de la peau, et qui séparera toujours les habitants de ces colonies en deux classes distinctes, les blancs et les hommes de couleur.

L'ancienne classe blanche, composée exclusivement d'Européens ou de descendants d'Européens, possède la majeure partie des terres, des capitaux et des propriétés de toute nature. Le haut commerce et les industries les plus riches sont entre ses mains.

L'ancienne classe de couleur libre se compose d'individus de sang mêlé ou de race noire qui étaient libres soit de naissance, soit par suite d'affranchissement personnel avant la révolution de 1848. La plupart des individus appartenant à cette classe habite les villes. Les uns y sont établis comme négociants, ou employés comme commis chez des négociants; les autres exercent des professions manuelles, telles que

---

(1) On entend par *pacotilleurs* des hommes qui transportent aux colonies un assortiment de marchandises européennes de toute espèce, qu'ils vont vendre eux-mêmes, et dont la réunion en ballots se nomme *pacotille.*

celles de charpentier, de menuisier, de tailleur, ou se livrent à la navigation du cabotage ; d'autres, et c'est le plus grand nombre, trouvent des moyens d'existence dans la pêche ou dans l'exercice de diverses industries urbaines ; quelques-uns enfin dans la culture des vivres du pays. Toutefois, le travail de la terre était généralement antipathique aux personnes appartenant à l'ancienne classe de couleur libre, et surtout aux affranchis de fraîche date, qui auraient cru, en s'y adonnant, s'assimiler aux esclaves.

La nouvelle classe de couleur libre partage en grande partie les répugnances de l'ancienne pour l'agriculture, malgré les efforts et les encouragements du gouvernement. Ce préjugé ne peut manquer de s'affaiblir, et même de disparaître, par suite de la nécessité où se trouvera bientôt cette nombreuse population de se rendre utile au pays et à elle-même. En attendant, les propriétaires, pour remplacer les bras qui leur manquent pour la culture de leurs terres, ont été obligés de faire appel à des colons indiens, dont plusieurs convois sont déjà arrivés à la Martinique et à la Guadeloupe. Mais ces nouveaux travailleurs sont encore trop peu nombreux et trop récemment installés pour que l'on puisse apprécier les résultats de cette immigration sur l'avenir de nos colonies.

LÉGISLATION. —*Histoire de la législation coloniale.* — Les premiers colons furent en général des aventuriers que l'ambition ou la misère avait exilés de leur patrie. En mettant pied sur la terre où ils s'établissaient, ils en prenaient possession au nom du prince qui régnait sur leur patrie. Les gouvernements leur venaient ensuite en aide, se substituant peu à peu à l'autorité qu'ils avaient créée, et finissaient par les effacer complétement en établissant un gouverneur dépositaire d'une autorité plus respectable et plus forte. Il arriva cependant parfois que, par la conduite de ces gouverneurs, les colonies devinrent dans leurs mains un énorme embarras pour la métropole. On crut trouver un remède à ce mal en concédant·les colonies à des compagnies qui les administraient pour leur propre compte, en payant une sorte de redevance ou de fermage à l'État. Les colonies françaises se plaignirent bientôt amèrement de l'oppression de ces compagnies, qui furent successivement révoquées ; la dernière le fut en 1674. Les colonies furent alors placées sous l'autorité de deux *gouverneurs lieutenants généraux,* l'un pour les *îles du Vent,* l'autre pour les *îles sous le Vent.* En 1789, il y avait sept gouverneurs généraux des colonies. On avait été obligé de restreindre leur trop grande autorité : un arrêté du conseil du 21 mai 1762, et une ordonnance du 1er février 1766 avaient établi l'indépendance du pouvoir judiciaire, en interdisant aux gouverneurs de se mêler de l'administration de la justice.

Depuis 1789, le régime des colonies a éprouvé de nombreuses variations. En considérant les colonies comme une partie du royaume, et en désirant les faire jouir des avantages de la révolution, l'Assemblée nationale n'entendit point les comprendre dans la constitution décrétée, et les assujettit à des lois qui pouvaient être incompatibles avec leurs convenances locales et particulières. En conséquence, le décret du 8-10 mars autorisa les colonies à faire connaître leurs vœux sur la constitution, la législation et l'administration. Ces vœux devaient être exprimés par des assemblées coloniales. La constitution du 3 septembre 1791, tout en reconnaissant que les colonies pourraient participer à la représentation nationale, proclama les mêmes principes, et quelques jours après, un décret du 24-28 septembre 1791 régla leur

constitution particulière, et donna sur certaines
matières, à leurs assemblées coloniales, l'initiative
nécessaire des lois à proposer au pouvoir législatif
de France. Le décret du 28 mars-4 avril 1792 accorda
les mêmes droits politiques aux hommes de couleur
et aux nègres libres qu'aux colons blancs, détermina
le mode de procéder pour la nomination des repré-
sentants, et institua en outre des commissaires
civils pour rétablir l'ordre. La nomination de ces
commissaires fut confirmée par plusieurs autres
décrets, qui leur donnaient des pouvoirs plus ou
moins étendus. La constitution du 6 fructidor an III
soumit les colonies à la même loi constitutionnelle
que le reste de la République, et les divisa en départements. Le 12 nivose an VI, une nouvelle loi
régla leur administration politique, administrative
et judiciaire. Mais la loi du 30 floréal an X, qui
rétablissait la traite des noirs et l'esclavage dans les
colonies, déclara que les colonies seraient soumises
pendant dix ans à des règlements du gouvernement.
En conséquence, on créa par divers arrêtés, dans
chaque colonie, un capitaine général exerçant presque
tous les pouvoirs ci-devant attribués aux gouverneurs
généraux, un préfet colonial chargé de l'administration et de la haute police, un commissaire de justice,
ou grand juge, qui avait l'inspection et la grande
police des tribunaux. Les lois et règlements qui
étaient obligatoires en France l'étaient également
dans les colonies ; mais le capitaine général pouvait,
en cas d'urgente nécessité et sur sa responsabilité
personnelle, surseoir en tout ou en partie à leur
exécution, après en avoir délibéré avec le préfet colonial et le commissaire de justice.

L'article 73 de la charte de 1814 portait que les
colonies seraient régies par des lois et *des règlements
particuliers.* Une ordonnance du roi du 22 novembre

1819 donna aux conseils supérieurs, sénéchaussées, amirautés et juridictions royales, qui avaient été rétablies depuis 1814, les dénominations de cours royales pour les premiers, et de tribunaux de première instance pour les autres; elle ordonna de mettre en vigueur dans les colonies les prescriptions des nouveaux codes, sauf les modifications commandées par les circonstances; enfin, elle établit des comités consultatifs à la Martinique, à la Guadeloupe, à Bourbon et à Cayenne. L'ordonnance du 5 août 1825 confirme cette institution, avec de nouvelles dispositions; elle en contenait de nouvelles également à l'égard des députés des colonies près le département de la marine.

L'ordonnance du 6 janvier 1824 institua un conseil supérieur du commerce et des colonies. C'est alors qu'on songea à coordonner les dispositions des anciennes lois et ordonnances, et à donner aux colonies, ou du moins aux principales d'entre elles, une législation à peu près uniforme. Ce fut l'œuvre des années 1825 à 1828. Une ordonnance du 31 août 1828 régla aussi le mode de procéder devant les conseils privés des colonies.

La charte de 1830, article 64, proclame que les colonies seraient régies par des lois particulières. La suppression du mot *règlement*, qui se trouvait dans l'article 3 de la charte de 1814, a eu explicitement pour objet de restreindre la part que le précédent gouvernement s'était attribuée dans la législation à faire pour les colonies. Cependant cette expression, *lois*, ne fut pas entendue par le pouvoir législatif dans un sens absolu, et les chambres reconnurent qu'elles pouvaient à leur gré se réserver la plénitude des attributions législatives, les déléguer, ou enfin les partager. Ces principes furent consacrés lors de la discussion de la loi du 28 août 1833, relative au

régime législatif des colonies. Cette loi, après avoir
créé à la Martinique, à la Guadeloupe, à la Guyane
française et à Bourbon une institution législative sous
le nom de *conseil colonial*, déterminait la part res-
pective du pouvoir législatif de la métropole, du
pouvoir royal et des conseils coloniaux, dans la légis·
lation des colonies. L'article 25 portait que les établissements français dans les Indes orientales et en
Afrique (excepté l'Algérie), l'établissement de pêche
de Saint-Pierre et de Miquelon continueraient d'être
régis par ordonnances du roi. Précédemment, une
ordonnance du 23 août 1850 avait fait cesser les fonctions de députés des colonies, et portait qu'à l'avenir
ces délégués seraient nommés directement par les
conseils coloniaux.

Le décret du 27 avril 1848, qui abolit l'esclavage,
accorda aux colonies le droit de représentation à l'Assemblée nationale, en proportion avec leur population; il supprima aux Antilles, au Sénégal et aux
Indes les conseils coloniaux, et donna enfin aux commissaires généraux le pouvoir de statuer par arrêté
jusqu'à ce que le régime législatif des colonies eût
été fixé par l'Assemblée nationale. Mais cette assemblée, ainsi que la constitution de 1848, ont disparu
avant d'avoir accompli cette tâche. Aux termes de la
constitution de 1852, c'est le sénat qui doit régler,
par un sénatus-consulte, la constitution des colonies.

JUSTICE. — La justice est aujourd'hui administrée
dans les colonies françaises par des tribunaux de paix,
des tribunaux de première instance, des cours impériales, des cours d'assises, des conseils d'appel, et,
en matière de commerce étranger et de douanes, par
les conseils privés.

Le jugement en dernier ressort et les arrêts rendus
par les différents tribunaux peuvent être attaqués par

voie d'annulation ou de cassation, dans les cas spécifiés.

Les tribunaux de paix connaissent, dans les colonies comme en France, des actions civiles, personnelles et mobilières, des actions commerciales et des contraventions de police.

Les tribunaux de première instance ont aux colonies, en matière civile, des attributions analogues à celles des tribunaux de la France continentale ; mais la connaissance des délits communs correctionnels, ainsi que les mises en prévention, qui appartiennent en France aux tribunaux de première instance, sont attribuées exclusivement aux cours impériales dans nos principales colonies, et il ne reste plus dès lors aux tribunaux de première instance d'autre attribution correctionnelle que le jugement des délits spéciaux en matière de douanes et de commerce étranger.

Les cours impériales réunissent les attributions qui se trouvent réparties en France entre la cour de cassation, les cours impériales et les tribunaux de première instance. Cours régulatrices dans de certaines limites à l'égard des tribunaux de paix et de police, elles siégent comme cours d'appel à l'égard des tribunaux de première instance, et comme tribunaux correctionnels de premier et de dernier ressort en matière de délits communs ; elles prononcent à la fois en chambre d'accusation sur les mises en prévention et les mises en accusation, et fournissent exclusivement les magistrats appelés à tenir les assises.

Les cours d'assises connaissent, comme en France, de toutes les affaires dont le fait objet de la poursuite est de nature à emporter peine afflictive et infamante. Elles se composent de conseillers à la cour impériale, et d'*assesseurs* choisis parmi les habitants qui réunissent les conditions exigées.

Les conseils privés se constituent en conseil du contentieux administratif pour le jugement des matières analogues à celles qui sont déférées en France aux conseils de préfecture. Les décisions qu'ils rendent sur ces matières sont susceptibles de recours au conseil d'État. Les conseils privés prononcent en outre, sauf recours en cassation, sur l'appel des jugements rendus par le tribunal de première instance, en ce qui touche les contraventions aux lois, ordonnances et règlements sur le commerce étranger et sur le régime des douanes.

GOUVERNEMENT ET ADMINISTRATION. — Dans chacune de nos colonies, le commandement général et la haute administration sont confiés à un fonctionnaire, militaire ou civil, qui reçoit le titre de *gouverneur*.

Des chefs d'administration dirigent, sous ses ordres, les différentes parties du service.

Un inspecteur colonial y veille à la régularité du service administratif, et requiert à cet effet l'exécution des lois, ordonnances, décrets coloniaux et règlements.

Un conseil privé, placé près du gouverneur, éclaire ses décisions.

AGRICULTURE. — L'objet principal de l'agriculture de nos colonies est la production de certaines denrées dites coloniales, notamment du sucre et du café. Cette production constitue la véritable richesse territoriale du pays, dont les produits sont annuellement exportés.

L'agriculture avait souffert considérablement dans nos colonies pendant les guerres de la révolution et de l'Empire. Après avoir subi d'une manière plus ou moins préjudiciable les influences de la révolution française, chacune d'elles avait eu à supporter les désastres d'une attaque à main armée, et, en définitive, d'une domination étrangère. Aussi, lorsque les

possessions coloniales de la France lui furent resti-
tuées en exécution du traité de paix de 1814, leur
situation était déplorable. Le gouvernement s'occupa
sans relâche d'y ranimer l'industrie agricole. Il se-
conda de tous ses efforts l'émulation et les sacrifices
des habitants, en propageant la connaissance des
bonnes méthodes de culture, et celle des procédés
économiques dont l'application pouvait surtout
diminuer le travail des hommes, travail important à
épargner depuis l'abolition de la traite des noirs.

Les cultures coloniales diffèrent essentiellement
des cultures de France. Le café, et surtout le sucre,
exigent l'emploi d'un grand nombre de travailleurs ;
et encore faut-il que, suivant les besoins du moment,
l'état de l'atmosphère ou toute autre circonstance
locale, ces travailleurs puissent être simultanément
appliqués à des travaux de différentes natures : tels
que la culture des terres, la manipulation des produits, etc. La subdivision des propriétés, si avantageuse en France, serait, dans nos colonies à sucre
et à grande culture, très-préjudiciable aux intérêts
agricoles. En effet, pour faire dix barriques de sucre,
par exemple, il faudrait, en bêtes de somme et de
trait, en moulins, en chaudières et autres ustensiles,
à peu près la même dépense d'installation et d'entretien annuel que pour en faire cent. La différence
entre les grandes manufactures et les petites ne consiste que dans le plus ou le moins de bâtiments
accessoires, de terres ou de travailleurs ; et lorsqu'une propriété n'a pas au moins 50 arpents, il
devient même impossible de l'exploiter comme
sucrerie.

COMMERCE. — Nous n'avons pas intention de déve-
lopper ici la théorie du commerce colonial tel qu'il a
été pratiqué par la France depuis qu'elle a fondé ou
possédé des établissements outre-mer ; un tel sujet

pourrait fournir à lui seul la matière d'un ouvrage bien plus étendu que celui-ci. Nous nous bornerons à rappeler sommairement l'origine du commerce colonial, ses modifications successives, et les conditions générales qui le régissent aujourd'hui. Il ne restera plus alors à indiquer, pour chaque colonie en particulier, que les règles spéciales auxquelles elle est soumise et les renseignements commerciaux qui lui sont propres.

Les principaux motifs qui, indépendamment des considérations d'intérêt politique, déterminèrent l'établissement des colonies françaises, furent : 1° de procurer aux produits du sol et de l'industrie de la mère patrie des débouchés qui pussent leur être constamment ouverts, et qui fussent indépendants de la mobilité des puissances étrangères à l'égard de la France ; 2° d'assurer à ces produits des marchés à l'abri de toute concurrence étrangère ; 3° d'obtenir, par voie d'échange et sans exportation de numéraire, des denrées que la France ne produit pas, et qui sont nécessaires à sa consommation ; et de soustraire ainsi notre commerce à l'obligation de recourir à l'étranger pour s'approvisionner de ces denrées; 4° enfin, de donner de l'emploi à la navigation nationale et aux intérêts qui s'y rattachent.

Comme les établissements coloniaux devaient remplir d'autant mieux leur destination, qu'ils consommeraient plus de produits français et qu'ils livreraient à leur métropole une plus grande quantité de denrées de leur cru, en même temps qu'on favorisa l'agriculture coloniale, qui devait produire les denrées destinées à servir d'aliment à nos échanges, on réserva exclusivement à la France le droit d'approvisionner ses colonies de tous les objets dont elles auraient besoin, et l'on exigea de ces établissements qu'ils ne vendissent leurs récoltes qu'à la métropole.

On leur défendit en outre d'élever les denrées récoltées à l'état de produit manufacturé; et l'on réserva, de plus, à la navigation nationale le transport de tout ce qui servirait aux échanges entre les colonies et la France.

Ces principes furent dès l'origine la base du commerce des colonies de plantations, comme de celui des simples comptoirs d'échange, soit aux époques où ces établissements étaient exploités par des compagnies, soit dans la période postérieure, où l'État rentra en possession directe de leur administration.

Ce fut toutefois aux divers établissements de la France dans l'archipel des Antilles que ce régime d'exclusif réciproque fut appliqué avec le plus de suite et d'uniformité. Ainsi Saint-Domingue, la Martinique, la Guadeloupe et les autres îles françaises d'Amérique y furent soumises d'une manière absolue, tant que la métropole put subvenir à leurs besoins de toute espèce.

Mais la France ayant perdu le Canada en 1761 et cédé la Louisiane en 1762, les Antilles cessèrent d'être suffisamment approvisionnées de certains objets de première nécessité, tels qu'animaux vivants, bois de constructions, etc., et elles manquèrent de débouchés pour leurs sirops et leurs tafias.

La législation commerciale de ces îles subit dès lors quelques modifications. Le principe en fut maintenu; mais, par exception à ce principe, les navires étrangers furent autorisés à se rendre dans certains ports des Antilles, à y importer des denrées ou marchandises spécifiées, et à en exporter des sirops et des tafias. Il est inutile de dire que cette législation cessa d'être en vigueur durant les troubles et les guerres qui eurent lieu de 1790 à 1814. Elle fut rétablie à cette dernière époque, puis modifiée par une ordonnance royale du 5 février 1826.

Quant à l'île de la Réunion et à la Guyane fran-

çaise, arrivées beaucoup plus tard à l'état de colonies
de plantations, elles n'ont point participé à cette législation, et l'exposé qui précède n'est pas entièrement
applicable à leur régime commercial antérieur et
actuel. C'est ce qui sera expliqué quand nous parlerons en particulier de ces deux colonies. La même
observation s'applique à nos comptoirs de l'Inde et
de l'Afrique.

La différence établie par les tarifs entre les droits
imposés sur les provenances de nos colonies et ceux
qui sont imposés sur les provenances étrangères,
constitue la protection dont les premières ont besoin
pour être vendues sur nos marchés de préférence aux
produits étrangers.

Cette protection n'existe d'ailleurs qu'en raison
d'un principe de réciprocité, puisque les productions
du sol et de l'industrie de la métropole jouissent pour
la plupart dans nos colonies du privilége exclusif de
la consommation, et que le petit nombre des marchandises étrangères susceptibles d'y être admises ne
peut être fourni par la France, ou se trouve grevé,
à l'entrée dans nos colonies, de droits suffisants pour
préserver les similaires nationaux de toute concurrence avantageuse.

Après ces observations générales, nous allons parler de chacune de nos colonies en particulier, dans
l'ordre suivant : nos possessions d'Amérique, qui comprennent la Martinique, la Guadeloupe et ses dépendances ; la Guyane française, Saint-Pierre et Miquelon ; — nos possessions d'Afrique : l'île Bourbon et
de la Réunion, Madagascar, le Sénégal et Gorée :
— nos possessions de l'Inde : Pondichéry, Karikal,
Chandernagor, etc. ; — nos possessions dans l'Océanie : îles Marquises et de la Société.

# CHAPITRE III

## POSSESSIONS FRANÇAISES EN AMÉRIQUE

## LES ANTILLES

Description générale des Antilles. — Étymologie de ce nom. — Époque de leur découverte. — Premier établissement français à Saint-Christophe. — Établissement à la Guadeloupe et à la Martinique. — Guerre avec les Caraïbes. — Le tabac, première culture des Antilles. — Progrès de la colonisation dans ces îles. — Les *engagés*. — Introduction des esclaves nègres. — Culture des cannes à sucre. — Troubles à la Guadeloupe. — Guerre civile. — Dissolution de la première compagnie des îles de l'Amérique. — Vente de ces îles à des particuliers. — — Progrès de l'agriculture. — État des colonies sous la domination des seigneurs propriétaires. — Troubles occasionnés par les exactions des seigneurs. — Acquisition des Antilles par le roi. — Création de la compagnie des Indes occidentales. — Sa mauvaise administration. — Sa dissolution. — Les îles Antilles sont réunies au domaine de la couronne. — Attaques des Anglais contre nos colonies. — Elles sont repoussées. — Prospérité de nos colonies des Antilles, et surtout de la Martinique, après la paix d'Utrecht. — Culture du café. — Guerre de 1741. — Ses effets sur nos colonies. — Les Anglais attaquent la Martinique et sont repoussés par le marquis de Beauharnais. — Prise de la Guadeloupe. — Prise de la Martinique. — Ces îles sont rendues par la paix de 1763. — La Guadeloupe rendue indépendante de la Martinique. — État de nos colonies jusqu'à la révolution de 1789. — Troubles dans nos colonies. — Désordres et fureurs révolutionnaires de 1793. — La Martinique toute au pouvoir des Anglais. — La Guadeloupe leur échappe et se signale par ses courses dans les guerres sous l'empire. — En 1810, les Anglais s'en emparent. — Ces îles sont rendues à la France à la paix de 1814.

On donne le nom d'Antilles à un immense archipel situé dans l'océan Atlantique entre les deux continents américains, depuis le 10e jusqu'au 23e degré de latitude nord, et entre le 62e et le 83e degré de longitude ouest du méridien de Paris. Ce nom leur vient, suivant les uns, d'une terre chimérique nommée l'île d'*Antilia*, et qui figure sur d'anciennes cartes à 890 kilomètres à l'ouest des Canaries et des Açores ; d'autres prétendent qu'on les a ainsi nommées pour désigner leur position en avant du Nouveau-Monde : *Ante-Insulæ, Ant-Iles*, d'où l'on a fait Antilles. Les Anglais les appellent Indes occidentales, *West-Indies*, pour les distinguer des Indes orientales. — Nous leur donnons aussi quelquefois ce nom. — Enfin, le géographe Malte-Brun propose de donner à ces îles le nom d'archipel *Colombien*, parce qu'il fut découvert dès le premier voyage de Christophe Colomb.

Cet archipel se compose d'environ trois cent soixante îles ou îlots, qu'on a divisées en *Grandes et Petites Antilles*, ou *Iles sous le Vent*, et *Iles du Vent.* Les *Grandes-Antilles* ou Iles sous le Vent, sont *Cuba, la Jamaïque, Haïti* (Saint-Domingue), et *Porto-Rico*, situées dans le nord-ouest. Les Petites-Antilles ou Iles du Vent, plus à l'est, ont reçu ce dernier nom parce que les vents d'est ou *alizés*, y règnent une partie de l'année, et sont les seuls avec lesquels on puisse y arriver d'Europe.

Les Antilles forment une chaîne semi-circulaire qui part du rivage de la Floride, dans l'Amérique septentrionale, et va se terminer au golfe Maracaïbo, dans l'Amérique méridionale. Selon quelques géologues, ces îles seraient les débris d'un ancien continent détruit par quelque grand cataclysme ; d'autres, au contraire, et M. Moreau de Jonnès est de ce nombre, leur attribuent une origine volcanique, et pensent qu'elles doivent leur existence à l'action des feux sous-marins.

Ce fut en 1492, à son premier voyage, comme nous l'avons dit, que Christophe Colomb découvrit l'archipel des Antilles. Il reconnut d'abord Haïti ou Saint-Domingue, et quelques îles voisines. En 1493,

il découvrit la Désirade, la Dominique, Marie-
Galande, la Guadeloupe, Mont-Serrat, Antigoa, et
Saint-Christophe. Le reste de l'archipel, et entre
autres la Martinique, ne fut reconnu que dans les
expéditions suivantes. Toutes ces îles étaient alors
habitées par des sauvages appelés Caraïbes.

Les Espagnols ne formèrent d'établissement que
dans quelques-unes de ces îles, à Saint-Domingue,
à Cuba, à Porto-Rico, etc., entraînés qu'ils étaient
par les riches et immenses découvertes qu'ils firent
bientôt sur le continent, et par les conquêtes de
Fernand Cortez, de Pizarre et de tant d'autres
aventuriers. Plus d'un siècle s'écoula avant qu'aucune
nation européenne songeât à tenter quelques expéditions dans ces parages. Enfin, sous le règne de
Louis XIII, en 1625, un navigateur normand connu
sous le nom de capitaine Desnambuc, partit de
Dieppe avec un vaisseau et aborda à Saint-Christophe.
L'année suivante, il revint en France, et par lettres
patentes du roi du 31 octobre 1626, il fut autorisé à
créer une compagnie de colonisation et de commerce,
qui, sous le nom de *Compagnie des îles de l'Amérique*, aurait pendant vingt ans la propriété et le
commerce exclusif de toutes les îles du Nouveau-
Monde qu'elle mettrait en valeur.

En 1627, il repartit pour Saint-Christophe, qu'il par-
tagea avec les Anglais. Il eut bientôt à lutter contre
des obstacles de toute nature; mais, homme de tête
et de courage, il parvint à les surmonter. Il colo-
nisa Saint-Christophe, malgré les difficultés que le
climat et le défaut d'expérience des nouveaux colons
lui opposaient; puis il battit en diverses occasions les
Espagnols, qui voulaient s'emparer des possessions
françaises, sous prétexte que tout ce qui avait été
découvert par leurs navigateurs était de droit leur
propriété; enfin, des différends s'élevèrent avec les

Anglais, qui refusaient d'observer le traité de partage. Il fallut recourir aux armes. Desnambuc battit les Anglais et les força à la paix.

Voyant prospérer son établissement de Saint-Christophe, il songea à en former d'autres dans les îles voisines. Il envoya en 1635 l'Olive, son lieutenant général, avec un gentilhomme nommé Duplessis, prendre possession de la Guadeloupe. Ils y débarquèrent le 28 juin, avec cinq cent cinquante personnes, dont quatre cents étaient des laboureurs, qui, moyennant leur passage gratuit, s'étaient engagés à travailler pendant trois années pour le compte de la compagnie.

Vers le même temps, Desnambuc lui-même, ayant fait choix de cent hommes de la colonie de Saint-Christophe, braves, bien acclimatés et pourvus de tout ce qui était nécessaire pour former des habitations, les embarqua pour la Martinique, et aborda avec eux sur la côte occidentale de cette île, dans l'endroit nommé le Carbet, à deux kilomètres environ de l'emplacement où s'éleva plus tard la ville de Saint-Pierre, et prit possession de cette terre au nom de la compagnie.

Desnambuc laissa à la Martinique le brave Dupont, qui fit courageusement la guerre aux Caraïbes, et eut pour successeur le neveu de Desnambuc lui-même, nommé Duparquet. Celui-ci reçut du roi le titre de lieutenant général de la Martinique, que sa bonne administration fit bientôt prospérer. Desnambuc mourut à la fin de 1636, emportant les regrets de toutes la colonies, qu'il laissait dans un état florissant.

La colonie fondée à la Guadeloupe par l'Olive et Duplessis eut de malheureux commencements. La famine, les maladies, l'excès de travail et la barbarie de l'Olive, décimèrent les colons. Duplessis, homme doux et prudent, mourut moins de six mois après son arrivée dans l'île.

Resté seul gouverneur de la colonie, l'Olive déclara
la guerre aux Caraïbes, qui voulaient résister aux dé-
prédations des nouveaux colons. Cette guerre cruelle
dura quatre années, à la suite desquelles les Caraïbes
furent forcés de se retirer à la Dominique et dans la
partie de la Guadeloupe appelée la Grande-Terre.

A la Martinique, les Caraïbes éprouvèrent les
mêmes échecs. Dès 1658, ils étaient hors d'état de
nuire à nos établissements; en 1664, il n'en restait
presque plus dans l'île. A la Guadeloupe, il y eut
une guerre avec les Caraïbes en 1655 et en 1658;
mais en 1660, cette colonie fut tout à fait délivrée de
leurs attaques par un traité de paix conclu le 31 mars,
lequel concentra à la Dominique et à Saint-Vincent
les débris de cette race, dont le nombre n'excédait
pas alors six mille individus. Depuis ce moment, toute
guerre avec les Caraïbes cessa dans les Antilles. On
retrouve encore aujourd'hui quelques-uns de leurs
descendants à la Guadeloupe; ils habitent particulièrement le quartier du Gros-Cap, vers l'Anse-des-
Corps, à la Grande-Terre, et ressemblent assez aux
mulâtres, avec lesquels ils se confondent d'ailleurs
quant au langage et aux mœurs.

En 1638, le chef d'escadre Lonvilliers de Poincy,
commandeur de Malte, fut nommé par le roi lieutenant général de toutes les îles françaises, et par
la compagnie, capitaine général de Saint-Christophe.
La culture principale de ces colonies était alors le
*petun* (tabac), dont on avait multiplié les plantations
outre mesure. Cette production tomba bientôt à vil
prix. Poincy convint avec le chef des îles anglaises
d'en interdire la culture pendant dix-huit mois, dans
toutes les îles de leur dépendance, de crainte que la
dépréciation de cette denrée ne rebutât l'Europe, et
ne la fît renoncer à tout commerce avec les colonies.
Cette mesure fut exécutée partout, excepté à la Gua-

deloupe, où l'Olive, qui y commandait encore, s'opposa à son exécution. D'ailleurs, cette île n'était pas encore guérie des maux qu'elle avait éprouvés au début de la colonisation, et les colons, pour prévenir de nouveaux désastres, se livraient aux cultures de première nécessité plutôt qu'à celles des denrées coloniales. Sous l'administration d'un nouveau gouverneur, nommé Aubert, la colonisation de la Guadeloupe fit de remarquables progrès. Le petit nombre d'habitants échappés à la famine et aux misères des premiers temps fut bientôt grossi par quelques colons de Saint-Christophe, par des Européens avides d'entreprises, par des matelots et par des officiers de la marine marchande las de courir les hasards de la mer.

La culture, dans les colonies des Antilles, se faisait alors au moyen de travailleurs blancs connus sous le nom d'*engagés*. C'étaient des Européens qui, attirés dans les colonies par l'espoir d'y faire fortune, mais n'ayant aucune avance pour faire le voyage, contractaient avec les colons qui avaient payé leur passage l'engagement de travailler trois années consécutives sur leurs plantations. A l'expiration de l'engagement, les engagés recevaient pour la plupart des concessions gratuites de terres, dont l'étendue (réduite plus tard à moitié) était de mille pas de longueur sur deux cents de largeur. On commençait aussi à employer pour la culture des nègres que la traite fournissait aux habitants. Le nombre toujours croissant d'esclaves noirs a fait peu à peu disparaître les travailleurs blancs ; cependant tout entretien d'engagés n'a cessé complétement qu'en 1738.

En 1643, le sieur Houel fut nommé sénéchal et gouverneur de la Guadeloupe. Son prédécesseur, Aubert, avait conçu le projet de créer des fabriques de sucre ; Houel commença en 1644 l'exécution de ce projet. Bientôt, à la suite d'une expédition envoyée

pour porter aux colons des femmes dont ils man-
quaient, le désordre s'introduisit dans les îles ; des
troubles sérieux éclatèrent à la Guadeloupe. Houel ne
voulut pas reconnaître l'autorité de M. de Poincy ;
celui-ci, de son côté, refusa de recevoir à Saint-
Christophe le général Thoisy-Patrocles, qui avait été
nommé pour lui succéder, et qui fut reconnu à la
Martinique et à la Guadeloupe. La guerre civile désola
les îles françaises pendant plusieurs années ; enfin,
la paix fut faite en 1647, et le sieur Houel fut
amnistié moyennant une amende de 30,857 kilogrammes de tabac.

Ces désordres, et la ruine des établissements de
culture, décidèrent la compagnie des îles de l'Amérique, qui ne pouvait plus soutenir les charges nombreuses qui l'accablaient, à vendre toutes ses possessions des Antilles. M. Duparquet, qui avait été nommé
en 1637 gouverneur particulier et sénéchal de la Martinique, acheta cette île en 1651, avec Sainte-Lucie,
la Grenade et les Grenadins, pour une somme de
60,000 livres. Le 4 septembre 1649, le marquis de
Boisseret avait déjà acheté la Guadeloupe, Marie-
Galande, la Désirade et les Saintes, pour 60,000
livres tournois et 300 kilogrammes pesant de sucre
par an. Enfin, à la même époque, le commandeur de Poincy, au nom de l'ordre de Malte, fit
acheter pour 120,000 livres la partie française de
Saint-Christophe, celle de Saint-Martin, et les îles
Saint-Barthélemy, Sainte-Croix et de la Tortue. En
reconnaissance de cette acquisition, le grand maître
de Naples lui donna le titre de *bailli*, et le confirma
dans sa charge de commandant général. En 1653, le
roi de France approuva la vente faite à l'ordre de
Malte, *sous la réserve de la souveraineté,* qui consiste
en l'hommage d'une couronne d'or de 1000 écus à
chaque nouveau règne.

2ᵏ

Jusqu'au moment de cette vente, la compagnie avait confié le gouvernement des îles françaises à des capitaines généraux, qui reçurent plus tard les titres de gouverneur et de sénéchal, avec le pouvoir de présider à tous les jugements. Les gouverneurs avaient pour émoluments un droit de capitation de 12 kilogrammes de tabac à prélever sur chaque habitant (qui devait en payer autant pour l'entretien des forts). Un certain nombre de leurs domestiques était exempté des droits seigneuriaux perçus pour la compagnie. Ils avaient aussi le droit de choisir dans les cargaisons les nègres qu'ils voulaient acheter.

Après la vente, les acquéreurs en devinrent les souverains absolus, sous le titre de seigneurs propriétaires, tout en reconnaissant l'autorité souveraine du roi.

Pendant cette seconde période, l'agriculture fit des progrès, surtout à la Guadeloupe. Au commencement de l'année 1655, cinquante Hollandais chassés du Brésil vinrent se réfugier à la Guadeloupe avec mille à douze cents métis et esclaves noirs. Favorisés par l'un des seigneurs propriétaires, le sieur Houel, à qui son beau-frère, le marquis de Boisseret, avait cédé la moitié de son acquisition, ils y établirent des sucreries qui prospérèrent. La culture de la canne eut bientôt remplacé celle du tabac, qui appauvrissait les terres, et dont les produits commençaient d'ailleurs à dégénérer. Cette nouvelle exploitation agricole répandit l'aisance parmi les colons; mais les exactions des seigneurs propriétaires devinrent bientôt intolérables, et compromirent la sécurité et l'avenir des colonies.

Le bailli de Poincy, commandant pour l'ordre de Malte, et Duparquet, avaient seuls la qualité de lieutenants généraux pour le roi; les ordres de la cour leur étaient adressés directement. Ils recevaient dans les îles de leur gouvernement ou en expul-

saient qui bon leur semblait, et disposaient de la
milice et de la judicature. Les juges nommés par eux
condamnaient à mort, et le seigneur faisait grâce à
sa volonté. Pour satisfaire à leurs grandes dépenses
et à l'augmentation des troupes de leur garde ou des
garnisons, ils prélevaient sur chaque habitant libre
ou esclave au-dessus de dix ans, les 50 kilogrammes
de tabac ou les 25 kilogrammes de coton qu'on payait
précédemment à la compagnie. Quelques officiers
et un certain nombre de leurs gens étaient seuls
exempts de payer ce droit. On ne pouvait se marier
sans leur autorisation, sous peine d'être renvoyé de
la colonie, que nul ne pouvait d'ailleurs quitter sans
leur permission. Dans ce cas, les départs s'annon-
çaient au prône, afin que les créanciers et les dé-
biteurs pussent régler leurs intérêts. — Tous les
habitants étaient soldats; chaque quartier formait
une ou plusieurs compagnies, suivant sa population.
On obéissait aux capitaines avec la plus stricte ponc-
tualité, car ils avaient le droit de mettre leurs
subordonnés aux fers pour la moindre faute. Chacun
montait la garde à son tour; la durée de cette garde
était dans toutes les îles, excepté à la Guadeloupe,
de vingt-quatre heures; à la Guadeloupe seule elle
était de huit jours. L'exercice général se faisait une
fois par mois dans chaque quartier; il n'y avait alors
de garnison dans aucune île. Il n'était pas permis aux
esclaves de manier des armes.

En 1650, quarante Français s'étaient établis à Sainte-
Lucie. Leur chef, le brave Rousselan, s'était fait aimer
des Caraïbes, mais à sa mort tous les Français furent
massacrés par les Indiens, révoltés de leurs excès.

En 1656, les esclaves nègres de la Guadeloupe,
devenus très-nombreux, se révoltèrent; mais leur
insurrection fut bientôt comprimée.

Cependant l'état des colonies ne s'améliorait pas.

Les exactions des seigneurs propriétaires ne cessaient d'y provoquer des troubles; les choses en vinrent même au point que les colonies se virent menacées d'un entier bouleversement. Dans cette situation, Colbert détermina Louis XIV à acheter les îles françaises de l'Amérique. Cette acquisition eut lieu au prix de 120,000 livres tournois pour la Martinique, et de 125,000 pour la Guadeloupe et ses dépendances. Un édit du mois de mai de la même année créa une *compagnie des Indes occidentales*, qui devait avoir pendant quarante ans le droit exclusif de commerce et de navigation dans les mers de l'Amérique. Le gouvernement lui céda les droits qu'il venait d'acquérir sur les îles des Antilles, et il envoya le général Prouville de Tracy en prendre possession au nom du roi et y établir la nouvelle compagnie. Les Anglais s'étaient emparés de Sainte-Lucie; Prouville les força à une restitution qu'ils ne firent néanmoins qu'en partie.

A cette époque, Colbert faisait acquérir pour la France une partie de Saint-Domingue et l'île de la Tortue, qui jusque alors avaient servi de retraite aux boucaniers et aux flibustiers, et qui devaient bientôt devenir la plus florissante et la plus riche de nos colonies.

La compagnie des Indes occidentales ne réussit pas mieux que celle qui l'avait précédée. Son administration peu intelligente mécontenta les colons. Des troubles éclatèrent fréquemment à la Martinique; on ne les réprima qu'avec beaucoup de peine. Cette colonie avait même projeté sérieusement de se soustraire à un joug devenu insupportable. Les instigations de l'Angleterre n'étaient pas sans doute étrangères à cette résolution; la Guadeloupe, qui s'y était montrée opposée, fut en 1666 attaquée par les Anglais, et les repoussa. Néanmoins, en 1668, dans

une organisation nouvelle de l'administration coloniale, elle fut mise dans la dépendance de la Martinique.

Enfin, la mauvaise administration de la nouvelle
compagnie entraîna sa ruine, et le roi en prononça
la dissolution en 1674, dix ans après sa création, et
en paya les dettes. A dater de ce moment, les îles
françaises du Nouveau-Monde furent définitivement
réunies au domaine de l'État, et tous les Français
eurent la liberté de s'y établir et d'y commercer. Ce
fut une nouvelle phase dans l'existence de nos colonies ; mais les guerres dans lesquelles la France se
trouva engagée sur la fin du règne de Louis XIV
furent encore pendant quelque temps un obstacle à la
prospérité que devait amener ce nouvel état de choses.

En 1691, malgré les traités qui avaient stipulé la
neutralité des Antilles en cas de guerre, les Anglais
s'emparèrent de Marie-Galande et attaquèrent la Guadeloupe, qui les repoussa comme en 1666. En 1702,
ils n'attendirent pas la déclaration de guerre pour
s'emparer de Saint-Christophe.

En 1703, la Guadeloupe fut de nouveau l'objet de
leurs attaques. Le gouvernement des Antilles, dont
la Martinique était devenue le chef-lieu, y envoya un
renfort de douze compagnies, six de soldats, six de
flibustiers. Ces braves battirent les ennemis sur tous
les points, et les obligèrent à se rembarquer.

La guerre de la succession au trône d'Espagne
amena de nouveaux désastres sur les îles françaises ;
mais les forces qui y furent envoyées d'Europe y
firent respecter le pavillon national. Marie-Galande
fut reprise aux Anglais. Une division navale s'empara
même des îles de Saint-Christophe et de Nièves, dont
elle se contenta de rançonner les établissements
commerciaux.

Enfin, la paix d'Utrecht (11 avril 1713) ramena

le calme dans ces parages ; et alors commença pour nos colonies des Antilles une ère de prospérité inconnue jusque-là. Le traité d'Utrecht, en enlevant à la France Terre-Neuve, l'Acadie et la baie d'Hudson, forçait le gouvernement à reporter sa sollicitude sur les colonies qui lui restaient. Les Antilles devinrent surtout l'objet de sa protection. Affranchie en 1717 des droits excessifs qui avaient d'abord été établis sur ses produits, la Martinique vit son agriculture et son commerce prendre de grands développements. Grâce à son heureuse situation et à la sûreté de ses ports, elle devint le chef-lieu et le marché général des Antilles françaises. C'était à la Martinique que les îles voisines vendaient leurs productions et achetaient les marchandises de la métropole. L'Europe ne connaissait que la Martinique ; et durant plus d'un siècle, la Guadeloupe et les autres îles françaises de l'archipel des Antilles demeurèrent dans la dépendance de cette île. Quoique placée dans une sorte d'infériorité à l'égard de la Martinique, les autres îles, la Guadeloupe surtout, participèrent à la prospérité générale qui suivit la paix d'Utrecht. La culture du café, apporté à la Martinique en 1725 par le capitaine Desclieux, et répandu bientôt dans les autres îles, devint pour les Antilles une nouvelle source de bien-être.

On peut se faire une idée de ce qu'était le commerce de ces îles par les documents officiels publiés par le ministère de la marine pour l'année 1736. — Il n'est question que de la Martinique, parce qu'alors, ainsi que nous venons de le dire, cette île représentait à elle seule le commerce des autres possessions françaises de ces parages. D'après ces documents, le montant des exportations de la colonie en denrées coloniales s'élevait à 16,000,000 de livres tournois ; à la la même époque, les ports de France expédiaient

jusqu'à deux cents bâtiments par an pour la Martinique; et les rapports commerciaux de la colonie avec
les autres îles du Vent, avec les côtes de l'Amérique
espagnole et avec les colonies du nord de l'Amérique,
jetaient annuellement une somme de 18,000,000
dans la circulation de l'île.

La situation des Antilles devenait de plus en plus
florissante, lorsque la guerre de 1741 éclata et
arrêta encore une fois leurs progrès. Les colons de
la Martinique et de la Guadeloupe portèrent tous
leurs capitaux vers l'armement des corsaires, et négli-
gèrent considérablement les cultures. Leurs succès
maritimes furent glorieux sans doute pendant cette
guerre; ils procurèrent même aux colons des prises
fort importantes, puisqu'on porte à 50,000,000 la
valeur des neuf cent cinquante bâtiments que les
corsaires des îles françaises enlevèrent à l'ennemi;
mais en définitive ces riches captures ne compen-
sèrent pas les dommages réels que les colonies avaient
éprouvés dans leur agriculture et leur commerce.

Les sept années de paix qui suivirent le traité
d'Aix-la-Chapelle, conclu en 1748, ne suffirent point
à nos colonies pour réparer leurs pertes, lorsque la
guerre de 1755 éclata. Dès le début de cette guerre,
le cabinet de Londres avait dirigé des forces considérables contre nos colonies des Antilles. Une flotte
de douze vaisseaux, six frégates, quatre galiotes à
bombes et quatre-vingts bâtiments de transport por-
tant huit mille hommes de troupes de débarquement,
attaqua la Martinique et fut vigoureusement repous-
sée. Les habitants, encouragés par leur gouverneur
général, le marquis de Beauharnais, beau-père de
l'impératrice Joséphine, et bisaïeul maternel de
l'empereur Napoléon III, se portèrent en foule contre
l'ennemi, et après lui avoir tué ou pris quatre cents
hommes, l'obligèrent à se rembarquer.

L'escadre anglaise se dirigea alors contre la Guadeloupe, qui résista pendant trois mois, mais mollement, et capitula au moment où le général de Beauharnais arrivait de la Martinique à son secours (1759). Le gouverneur de la Guadeloupe fut mis en jugement, dégradé et condamné à une prison perpétuelle. La reddition de cette île donna lieu à une ordonnance royale défendant aux gouverneurs, commandants ou autres chefs des colonies, d'y contracter mariage avec des créoles et d'y acquérir des biens-fonds.

Furieux d'avoir été repoussés à la Martinique, les Anglais y envoyèrent, en 1762, une nouvelle expédition, aux ordres de l'amiral Rodney, encore plus formidable que la première, et qui cette fois triompha du courage des habitants (15 février 1762). L'Angleterre, considérant ces deux conquêtes comme définitives, fit de grands efforts pour en augmenter la valeur; elle y traça des routes pour faciliter la communication, et y introduisit plus de vingt mille esclaves. Mais le traité de paix de 1763, signé à Versailles le 11 juillet, rendit la Martinique et la Guadeloupe à la France; l'Angleterre obtenait, il est vrai, par ce même traité, d'immenses territoires dans l'Amérique septentrionale, et dans les Antilles les îles de la Dominique et de Saint-Vincent. Les faibles restes de la population caraïbe des Antilles se trouvaient réunis dans ces deux îles; les Anglais les concentrèrent dans celle de Saint-Vincent, dont ils les ont fait disparaître en 1795.

Les changements qui eurent lieu alors dans l'administration des îles françaises rendirent la Guadeloupe indépendante de la Martinique. Subordonnée à celle-ci pendant près d'un siècle, la Guadeloupe n'avait jusque alors reçu directement des ports de France que six ou sept navires chaque année, à cause

de l'obligation où elle était d'envoyer toutes ses denrées sur les marchés de la Martinique et d'y acheter
tous ses objets de consommation. En reprenant possession de l'île, le gouvernement lui donna une
administration indépendante de celle de la Martinique. Mais cet état de choses subsista tout au plus
six années. Les considérations militaires qui avaient
déterminé la réunion des deux îles sous une même
autorité reprirent le dessus, et en 1769 on replaça
la Guadeloupe sous la dépendance de la Martinique.
On finit toutefois par s'apercevoir que les avantages
qu'on espérait de cette réunion pour la défense commune des deux îles en temps de guerre étaient devenus illusoires depuis que l'île française de la Dominique, qui est située entre l'une et l'autre, avait été
cédée à l'Angleterre, et en 1775 la Guadeloupe fut
définitivement constituée colonie indépendante de la
Martinique.

Les quinze années qui précédèrent la guerre de
l'indépendance américaine permirent aux cultures et
au commerce de nos colonies de refleurir. Cette guerre
même rendit à la Martinique une partie du lustre et
de l'importance qu'elle avait perdus. La superbe baie
du Fort-Royal devint, en 1778, le centre des opérations maritimes des flottes françaises, et la Martinique
participa ainsi à la gloire de nos armes sans avoir à
souffrir des calamités de la guerre. M. de Bouillé,
gouverneur de cette colonie, s'empara de l'île Saint-
Eustache, qui venait d'être enlevée aux Hollandais
par les Anglais. Il leur prit aussi Saint-Christophe,
Nièves et Mont-Serrat. Les Français concevaient l'espoir de devenir les maîtres de toutes les Antilles,
lorsqu'en 1782 le fameux combat naval de la Guadeloupe, où le comte de Grasse fut battu par l'amiral
Rodney, détruisit cet espoir.

La paix de 1785 donna un nouvel essor à la prospérité agricole et commerciale de nos colonies. En 1790 les exportations de la Martinique s'élevèrent à la somme de 31,465,043 livres tournois, et les importations dans les colonies à 12,538,496 livres tournois; ce qui porte le mouvement commercial de cette année à plus de 40,000,000 de livres. La population libre et esclave se composait, au 1er janvier de la même année, de 99,284 individus.

A la Guadeloupe, le montant total du commerce avec la France et l'étranger s'éleva à la somme de 31,865,000 livres, dont 20,667,000 livres en denrées et marchandises exportées de la colonie. La même année, la population de la colonie montait à 107,226 individus, dont 13,938 blancs, 3,149 affranchis, et 90,139 esclaves.

La révolution qui éclata en France à cette époque vint détruire pour longtemps la prospérité de nos colonies, et compromettre leur existence même. Un décret de l'Assemblée nationale déclara d'abord les hommes de couleur égaux aux blancs; la Convention proclama bientôt la liberté des noirs. Des désordres graves éclatèrent à la Martinique et à Saint-Domingue. Les habitants de Saint-Pierre (Martinique) furent obligés de demander des secours à la Guadeloupe. On leur envoya des hommes et des armes. Le brave Dugommier commandait cette expédition, qui eut tout le succès qu'on pouvait en espérer, mais qui ne fit qu'apaiser momentanément les troubles. Les hommes de couleur prirent les armes et augmentèrent les éléments de discorde. En 1790, des commissaires du roi et de l'Assemblée furent envoyés aux Antilles, où ils luttèrent inutilement contre les assemblées coloniales, dont les passions bouleversaient le pays. Le général Rochambeau fut nommé commandant aux îles du Vent et à la Martinique; le général Collot fut appelé au gouvernement de la Guadeloupe, et le général Ricard à celui de Sainte-Lucie. Pendant qu'ils faisaient route pour leur destination, on annonça à la Basse-Terre (Guadeloupe) l'entrée des Prussiens et des Autrichiens à Paris. Une contre-révolution eut lieu; le drapeau blanc fut arboré à la Guadeloupe ainsi qu'à la Martinique. Cette dernière refusa de recevoir les généraux français, qui furent obligés de faire voile pour Saint-Domingue, dont le général Rochambeau fut nommé gouverneur provisoire. Marie-Galande et Sainte-Lucie seules ne prirent point de part à ce mouvement, qui du reste ne fut pas de longue durée. Le capitaine de frégate Lacrosse arriva de France, et apporta la nouvelle des événements du 10 août, de la chute de la royauté et de la proclamation de la république. Les équipages des bâtiments de commerce reprirent les trois couleurs, et après un combat entre les royalistes et les républicains, la Martinique et les autres îles rentrèrent sous les lois de la métropole.

Le général Rochambeau s'éloigna de Saint-Domingue à cause des horreurs dont cette île était le théâtre, et revint à la Martinique, où il fut reconnu gouverneur général.

En janvier 1793, les Antilles furent en proie aux fureurs révolutionnaires et à la guerre civile. L'interruption du commerce, l'abandon des cultures, les révoltes des noirs, le massacre des blancs, l'incendie des habitations, les exécutions sanglantes, la spoliation des propriétés, les proscriptions et les émigrations d'un grand nombre de colons, tels furent les maux qui accablèrent alors nos colonies. La guerre étrangère vint compléter la série de ces malheurs.

Le 3 février 1794, quinze mille Anglais et quatre-vingt-dix bouches à feu débarquèrent à la Martinique. Après plusieurs combats, le général Rocham-

beau se retira avec six cents hommes dans le fort
Bourbon; et ce ne fut que le 22 mars, au bout de
trente-deux jours de siége et de bombardement,
qu'il consentit à capituler; la garnison du fort se
trouvait alors réduite de moitié par le feu de l'ennemi.

La domination anglaise à la Martinique dura huit
années. La paix d'Amiens amena, en 1802, la restitution de l'île à la France. Les Anglais s'en emparèrent de nouveau en 1809, et la gardèrent jusqu'au
traité de paix de 1814.

Quant à la Guadeloupe, les Anglais s'en étaient
rendus maîtres le 21 avril 1794; mais ils ne gardèrent pas longtemps leur conquête. Une expédition
française composée de deux frégates et de onze cents
cinquante hommes, et commandée par les deux commissaires de la Convention Chrétien et Victor Hugues,
aborda à la Guadeloupe au commencement du mois
de juin suivant, et après sept mois d'une lutte achar-
née, à laquelle les habitants de la Guadeloupe prirent
une glorieuse part, les Anglais, au nombre de huit
mille, quoique bien approvisionnés, maîtres de la
mer, et soutenus par de formidables escadres, se virent
contraints de remettre la Guadeloupe, Marie-Galande
et la Désirade au petit nombre des soldats français
qu'avaient épargnés les combats et la fièvre jaune.

Lorsque la paix d'Amiens laissa un moment luire
aux yeux des colons de la Guadeloupe l'espoir de
meilleurs jours, le feu mal éteint de la guerre civile
s'y ralluma, et peu s'en fallut cette fois que, comme
Saint-Domingue, la Guadeloupe ne fût à jamais per-
due. Elle échappa pourtant à ce désastre, mais ce
ne fut pas sans des pertes considérables. Toutefois
la guerre contre l'Angleterre, qui semblait devoir
consommer la ruine de la colonie, lui procura au
contraire des ressources inattendues : les corsaires

de la Pointe-à-Pitre firent des courses heureuses et
multipliées qui fournirent à l'île des approvisionne-
ments et augmentèrent ses ateliers de noirs par la
prise de plusieurs bâtiments chargés d'esclaves.

Le 6 février 1810, la Guadeloupe retomba encore
une fois sous la domination des Anglais. Elle fut
rendue à la France, avec la Martinique, en 1814.
Les Anglais y reparurent encore en 1815, pendant
les cent jours, en apparence pour maintenir le
gouvernement des Bourbons, mais avec le but
secret d'être prêts à profiter des événements. Enfin,
en 1816, la France rentra définitivement en possession de deux ces îles, ainsi que de ses autres colonies
qui lui avaient été rendues par le traité de 1814.

Les faits historiques concernant nos colonies des
Antilles depuis 1816 se trouveront dans les chapitres
suivants.

# CHAPITRE IV

Suite des Antilles. — Population. — Blancs. — Hommes de couleur. —
Noirs. — Abolition de l'esclavage dans nos colonies. — Troubles à la
Martinique et à la Guadeloupe. — Désordres, pillage et dévastation à
Marie-Galande. — Loi pour indemniser les propriétaires d'esclaves. —
Reprise du travail. — Nouveaux troubles à la Guadeloupe. — Incendie
de la Pointe-à-Pitre. — Météorologie des Antilles. — Température. —
Climats. — Pluies. — Raz-de-Mantes. — Ouragans. — Tremblements de
terre. — Tremblements de terre à la Martinique. — Détails sur le
tremblement de terre de la Guadeloupe du 8 février 1843. — Maladies.
— Cultures et exploitations rurales.

Pour compléter ce que nous avons à dire sur ce
qui est commun aux diverses îles des Antilles, et ne
pas avoir à nous répéter dans les articles particuliers à chacune d'elles, nous allons entrer dans

quelques détails sur la population, le climat et les phénomènes météorologiques, etc.

POPULATION. — Nous avons peu de chose à ajouter sur ce que nous avons dit à ce sujet dans le chapitre II. Nous avons dit que la population permanente et sédentaire se composait de trois classes : 1° les hommes de race blanche; 2° les hommes de sangs mêlés; 3° les noirs. — On donne le nom de *créole* à tout individu né dans les colonies, quelle que soit d'ailleurs la couleur de sa peau. Le blanc de race pure jouit aux Antilles d'une suprématie que les lois et les préjugés ont longtemps tendu à maintenir. Sa couleur était une sorte de noblesse, cause de la prééminence marquée accordée aux Européens, qu'on recherche encore particulièrement dans les alliances des familles. — L'air humide, salin, et privé d'électricité, donne aux créoles un teint blafard et sans coloris. Néanmoins ce teint est un peu plus foncé que celui des habitants de nos départements méridionaux. Élevés dans leur enfance sans vêtements qui puissent gêner leurs mouvements, ils se développent en liberté, et sont souples, bien faits et bien constitués. On remarque généralement en eux de la pénétration, une imagination ardente, un esprit vif, délié, une conception rapide ; ils deviendraient sans doute des hommes d'une haute capacité, si leur éducation était complète et sévère ; mais gâtés dès leur enfance, leur caractère devient indolent et léger, porté à l'indépendance et à la présomption. Les vices de leur éducation n'étouffent cependant pas leurs qualités naturelles : les créoles sont bons et compatissants ; ils tiennent leur parole avec fidélité, et poussent le point d'honneur à l'excès. Ils exercent généreusement et franchement l'hospitalité, et accueillent les étrangers avec une grâce admirable.

Le nom de *gens de couleur* ou de *sangs mêlés* a

été longtemps donné aux individus qui ne sont ni
blancs purs ni entièrement noirs, et qui proviennent
de l'union des blancs avec les négresses ou avec les
mulâtresses. Il existe un grand nombre de variétés
ou de teintes entre les individus qui se rapprochent
le plus de la couleur blanche et qui s'en éloignent
davantage, et on distingue ces variétés par différents
noms. Ainsi, le *sang-mêlé* simple est celui qui se
rapproche le plus du blanc, et qu'un œil exercé
peut même seul en distinguer; à l'opposé de l'échelle
est le *sacatra*, qu'une teinte légère et presque im-
perceptible sépare du noir; à une égale distance de
ces deux extrêmes est placé le *quarteron;* puis
entre le quarteron et le noir se trouvent le *mulâtre,*
le *cabre*, le *griffa* et enfin le *sacatra;* entre le
quarteron et le blanc, on compte le *métis*, le *mame-
lonné*, le *quarteronné* et enfin le *sang-mêlé.*

Les hommes de couleur sont en général intelli-
gents, actifs et laborieux; fiers et généreux, braves
et dévoués, ils aiment l'état militaire, deviennent
bons officiers, et, un peu plus disciplinés, seraient
d'excellents soldats; ils sont habiles marins; ils
excellent dans les arts mécaniques, où une adresse
naturelle leur rend tout facile; ils sont aptes au
commerce, à la culture des terres, aux entreprises
industrielles.

L'abolition de l'esclavage des noirs n'a pas été aussi
imprévu qu'on pourrait le croire. Lorsque le décret
du 27 avril 1848 fut rendu, depuis longtemps l'émancipation des noirs était préparée par de nombreux
affranchissements, qui devaient amener peu à peu
et sans secousse la transition de l'état d'esclavage
à celui de liberté. Le gouvernement provisoire, qui
tenait à marquer son passage au pouvoir par des
actes en rapport avec son origine révolutionnaire,
décréta purement et simplement l'affranchissement

de tous les nègres dans nos colonies à esclaves, en chargeant l'Assemblée nationale qui allait être nommée de l'exécution de cette mesure, et de pourvoir au sort des nouveaux affranchis, et à l'indemnité qui serait due aux colons. C'était précipiter imprudemment l'accomplissement d'une mesure qui, en s'effectuant dans de telles conditions, pouvait entraîner de graves inconvénients. Pour les prévenir, on exigea que l'affranchissement réel n'aurait lieu que deux mois après la promulgation du décret dans chaque colonie ; qu'alors les nouveaux affranchis seraient tenus de prendre des engagements de travail de deux ans au minimum, à moins qu'ils ne justifiassent de moyens d'existence, sous peine d'être traités comme vagabonds.

Malgré ces précautions, des troubles graves éclatèrent à la Martinique et à la Guadeloupe dans le courant d'avril 1848. Au mois de juin de la même année, ces troubles prirent un caractère beaucoup plus grave, surtout à la Grande-Terre et à Marie-Galande, à l'occasion des élections. L'incendie, le pillage, la dévastation d'habitations et de sucreries, des meurtres, signalèrent cette insurrection, que l'emploi de la force armée put seule réprimer.

En 1849, un décret de l'Assemblée nationale régla l'indemnité en faveur des colons dépossédés de leurs esclaves. Cette indemnité fut fixée à une rente de 6,000,000, 5 0|0, inscrit au grand livre de la dette publique, et à une somme de 6,000,000 payable en numéraire trente jours après la promulgation de la loi.

La répartition de la rente a eu lieu de la manière suivante : à la Martinique, 1,507,885 francs 80 centimes ; à la Guadeloupe et dépendances, 1,947,164 fr. 85 centimes. La répartition pour les sommes d'argent présente les mêmes chiffres.—Nous ferons connaître, dans l'article concernant les autres colonies à esclaves, la portion afférente à chacune d'elles.

Toutes ces mesures, jointes à la fermeté des employés du gouvernement, ramenèrent le calme dans les colonies. Le travail reprit généralement aux Antilles ; et dans le commencement de l'année 1850, les rapports des gouverneurs constataient que les noirs engagés se livraient volontiers à la culture des terres. Un relevé fait à la Guadeloupe au mois de mars 1850 faisait connaître que le nombre des travailleurs s'élevait à cette époque à 19,465 pour toute la colonie, et qu'avant l'émancipation il était de 20,971. Ainsi, la différence des travailleurs libres et des travailleurs esclaves n'était que de 1,505.

Malheureusement, le procès des individus compromis dans l'insurrection de Marie-Galande vint rallumer les passions de ces hommes si faciles à se laisser entraîner par les agitateurs de toutes couleurs qui cherchaient l'occasion de recommencer le désordre. Des mouvements séditieux eurent lieu à la Basse-Terre, où se jugeaient les accusés. — Le 12 juin, des incendiaires mirent le feu à la Pointe-à-Pitre, et soixante maisons furent consumées par l'incendie. Le 19, un autre incendie détruisit encore dix maisons dans la même ville. D'autres incendies éclatèrent aussi sur divers points de l'arrondissement, et partout on reconnut la main de la malveillance. Les mesures les plus énergiques furent prises par les autorités. La ville de la Pointe-à-Pitre et tout son arrondissement furent mis en état de siége. Grâce à cette énergique répression, les efforts de la malveillance furent déjoués, et depuis cette époque la tranquillité n'a pas cessé de régner dans nos colonies.

MÉTÉOROLOGIE. — *Température.* — La température moyenne à la Martinique est de 27 degrés centigrades au-dessus de 0 ; à la Guadeloupe de 28°. —

Les termes extrêmes du thermomètre, dans les deux îles, sont : *minimum* 20°, *maximum* 56°. — Malgré les indications thermométriques, la sensation produite par la chaleur n'est pas la même qu'en Europe. A 16° 25 (Réaumur), température des Pitons-du-Carbet à la Martinique, les hommes et les animaux éprouvent les mêmes phénomènes qui résultent en Europe de l'action d'un froid rigoureux. A 19 et 20° Réaumur, les créoles éprouvent encore un sentiment de froid assez vif. Ce n'est qu'à 23 ou 24° que la température leur paraît modérée.

*Pluies.* — La quantité moyenne de pluie qui tombe annuellement aux Antilles françaises est un peu moindre de 217 centimètres au niveau de la mer. — Le climat est excessivement humide. Cette humidité extraordinaire, jointe à la chaleur, paraît être la cause principale des maladies qui frappent les Européens. Cette humidité est continue et puissante; elle décompose et corrompt toutes les viandes avec une étonnante rapidité; elle fait éclore des myriades d'insectes de toutes les espèces. Son action est tellement corrosive, qu'en peu de temps elle ronge par la rouille tous les métaux susceptibles de s'oxyder. Le bois d'Europe le plus dur, le chêne, ne lui oppose qu'une faible résistance; tous les affûts de canon envoyés de France à la Martinique et à la Guadeloupe, neufs, bien ferrés et bien conditionnés, tombaient en poussière deux ans au plus après avoir été placés en plein air sur les batteries. — Le gouvernement français, instruit par une longue expérience que les actes et papiers publics étaient exposés, par l'effet du climat, à une destruction si rapide que les archives d'une génération se conservaient à peine sans altération jusqu'à la génération suivante, a dû, en 1776, pour éviter leur perte totale, établir en France un *Dépôt des actes et chartes des colonies.*

*Raz-de-marée.* — Quelquefois, au milieu du plus grand calme de l'atmosphère, les eaux de l'Atlantique, soulevées par un mouvement subit, et précipitées violemment vers le rivage, entraînent avec elles les bâtiments mouillés sur la côte, malgré leurs ancres, et les lancent sur les rochers, ou les jettent sur la plage. C'est cette perturbation que l'on nomme dans les Antilles *raz-de-marée*.

*Ouragans.* — On donne le nom d'*ouragans*, ou *coups de vents*, à des tempêtes violentes qui éclatent quelquefois dans les pays situés entre les tropiques, et durant lesquelles le vent acquiert un tel degré de force, qu'il renverse les constructions, déracine les arbres et arrache les moissons. Les rivières, grossies subitement par des pluies diluviales, débordent malgré la profondeur de leurs encaissements, et entraînent avec leurs eaux les arbres des forêts, les plus gros rochers, les ponts et les plantations. Les bâtiments qui sont sur les rades, et qui n'ont pas eu le temps de gagner la pleine mer, sont brisés et engloutis. Les désastres qui résultent de ces tourmentes sont incalculables. Dans les villes, on a vu quelquefois la majeure partie des édifices détruits. Pour remettre à valeur les plantations que le fléau a ravagées, il faut, outre des frais et des travaux considérables, un an si l'habitation produit des vivres, dix-huit mois si c'est une sucrerie, trois ans si elle est cultivée en cacao, et cinq ans si c'est une caféière.

*Tremblements de terre.* — Outre le fléau des ouragans, nos colonies des Antilles sont encore sujettes à d'affreux tremblements de terre. On cite, à la Martinique, celui de 1737, auquel on attribue la destruction de tous les cacaoyers, qui étaient alors la principale exploitation agricole du pays. On se rappelle celui de 1839, si désastreux pour Fort-Royal, et dont nous parlons à l'article concernant cette ville ; mais le tremblement de terre le plus épouvantable est celui qui a désolé la Guadeloupe il y a une dizaine d'années. Cet événement eut lieu le 8 février 1843, à dix heures trente-cinq minutes du matin. La secousse se fit sentir dans toute l'île et ses dépendances. La Basse-Terre eut plusieurs maisons endommagées et rendues inhabitables ; mais personne ne périt. Aux Saintes, toutes les maisons construites en pierres ont été renversées. Mais c'est surtout à la Grande-Terre que le dégât fut affreux. La Pointe-à-Pitre fut détruite de fond en comble, et ce que le tremblement de terre avait épargné fut dévoré par un incendie qui éclata peu de moments après où les maisons s'écroulèrent. Plusieurs milliers de personnes périrent dans cette catastrophe. L'église, qui était très-belle, fut détruite comme les autres édifices ; il ne resta debout que la muraille où se trouvait le cadran de l'horloge, dont les aiguilles, arrêtées à dix heures trente-cinq minutes, montraient aux survivants l'heure où un si grand nombre de leurs parents et de leurs amis avaient trouvé la mort. — Le Moule éprouva le même sort que la Pointe-à-Pitre : trente personnes y perdirent la vie. Les bourgs de Saint-François, Sainte-Anne, le Port-Louis, l'Anse-Bertrand et Sainte-Rose furent renversés, et beaucoup d'habitants y périrent.

Le 19 mars 1843, une loi ouvrit un crédit de 2,500,000 francs pour venir au secours de la colonie. Des souscriptions ouvertes dans la métropole, et même chez les nations étrangères qui prirent part à cette épouvantable catastrophe, produisirent des sommes considérables, qui ont permis en peu d'années de réparer le désastre. Dès l'année suivante, la Pointe-à-Pitre était reconstruite aux deux tiers : elle l'était complétement lorsque l'incendie de 1849, dont

nous avons parlé, vint encore la jeter dans la désolation ; grâce aux bienfaits du gouvernement, les
traces de ce dernier désastre ont à peu près disparu.

*Maladies.* — La chaleur et l'humidité, qui constituent le climat des Antilles, exercent une grande
influence sur l'état des corps organisés aussi bien
que sur les substances inorganiques de toute nature.
Les animaux originaires d'Europe dégénèrent aux
Antilles. — Après un séjour de quelque durée en
Amérique, les Européens qui habitent les Antilles
voient leur constitution s'altérer, ou tout au moins se
modifier. L'ardeur du climat abrége les jours de ceux
qui n'ont pas soin de réparer la perte que leur cause
une transpiration continuelle. Les colonies ne sont
vraiment habitables que pour l'Européen qui peut
y vivre dans l'aisance, et qui est assez sage pour n'y
pas faire d'excès. — Les maladies qui attaquent les
Européens sont la nostalgie, la fièvre jaune, la fièvre
maligne et putride, et le ténesme. — Les maladies
des nègres sont l'éléphantiasis, la lèpre, les maladies pulmoniques, la petite vérole, la rougeole, le
tétanos, etc.

*Cultures et exploitations rurales.* — Depuis plusieurs années les diverses exploitations agricoles et
manufacturières de nos colonies des Antilles sont en
voie de progrès et d'amélioration. Parmi les causes
qui ont le plus contribué à ce résultat, on peut citer
les suivantes :

1° L'introduction de l'usage de la charrue. Tous
les habitants sucriers ont aujourd'hui une charrue,
dont le travail équivaut à celui de vingt noirs. L'emploi de ce moyen de labour supplée au travail de
plus de 20,000 noirs dans nos colonies, et produit ainsi
une augmentation proportionnelle dans les cultures.

2° L'emploi des engrais et amendements. Dans
certaines localités les récoltes ont été doublées par

l'usage de la boue de mer. On s'est servi avec avantage, dans d'autres, de la chaux, du sel, de la poudrette et du sang desséché, toutes matières apportées de France.

3° L'introduction des moulins à vapeur pour les sucreries, et le perfectionnement des moulins à eau, à vent et à manége.

4° L'adoption de procédés nouveaux pour la fabrication du sucre. Le résultat de leur emploi est de simplifier et de diminuer le travail, d'améliorer la qualité du produit et d'en augmenter en même temps la quantité.

5° Enfin les perfectionnements introduits dans l'administration intérieure des habitations, et les soins donnés à l'entretien des bestiaux.

Telles sont les principales améliorations apportées dans les exploitations rurales de nos colonies, et qui permettront d'en tirer des produits plus abondants et de meilleure qualité, même qu'avant la suppression de l'esclavage.

# CHAPITRE V

## LA MARTINIQUE

Topographie. — Situation. — Aspect de l'île. — Montagnes. — Cours d'eau. — Forêt. — Sol. — Terres cultivées. — Côtes, baies et rades. — Arrondissements, villes, quartiers et paroisses. — Personnages célèbres nés à la Martinique. — Cultures. — Commerce.

TOPOGRAPHIE. — L'île de la Martinique est située dans l'océan Atlantique, par le 14° 36' de latitude nord, et par le 63° 18' de longitude ouest du méri-

dien de Paris. Son nom lui vient de ce qu'elle fut
découverte par Christophe Colomb le jour de saint
Martin. La plus grande longueur de l'île est de
64 kilomètres, et sa largeur moyenne d'environ
28 kilomètres. Sa circonférence est de 180 kilomètres, non compris les caps, dont quelques-uns
s'avancent de 8 à 12 kilomètres dans la mer.

La Martinique est de forme irrégulière : elle offre
l'aspect de deux péninsules, unies par l'isthme qui
est entre le cul-de-sac François et le cul-de-sac Royal ;
le terrain s'élève graduellement depuis le rivage
jusqu'au centre, où sont les montagnes. Chacune de
ces péninsules paraît avoir été formée par les éruptions de plusieurs volcans. Celle du nord, où étaient
situés les foyers les plus actifs, a une circonférence
de 104 kilomètres ; celle du sud, qui contient les
foyers les plus anciens, a une circonférence de
168 kilomètres.

On compte à la Martinique six volcans éteints, qui
sont : la *Montagne-Pelée*, qui s'élève à 1,350 mètres
au-dessus du niveau de la mer ; les *Pitons-du-Carbet*,
dont le plus élevé a 1,207 mètres ; la *Roche-Carrée*,
la *Montagne-du-Vauclin*, 505 mètres ; le *Cratère-du-
Marin*, et le *Morne-de-la-Plaine*. C'est à leur érup-
tion que les montagnes et autres aspérités de l'île
doivent leur origine. Lorsque les reliefs des hauteurs
ont gardé la forme conique, on leur a donné en
général le nom de *pitons*, qui correspond à celui de
*pic*, dont on se sert dans les Indes orientales, et à
celui de *puy*, employé dans le midi de la France.
La dénomination de *mornes* a été particulièrement
donnée aux collines formées par les courants de lave
que les volcans secondaires ont projetés autour d'eux,
et qui sont aujourd'hui couverts de forêts.

La Martinique est arrosée par un grand nombre de
ruisseaux, auxquels on donne le nom de rivières dès

qu'ils ont 4 à 8 kilomètres de cours. Leurs eaux limpides et très-saines servent de moteurs à un grand nombre de moulins à sucre.

Il existe plusieurs sources d'eaux minérales à la Martinique; on en cite particulièrement deux : l'une qui prend naissance au bas de la Montagne-Pelée, l'autre dans les pitons de Fort-Royal. Cette dernière est très-fréquentée; l'analyse chimique y a fait reconnaître la présence du muriate et du carbonate de soude, de la silice, et des carbonates de magnésie, de chaux et de fer.

La partie montagneuse de l'île est couverte de forêts très-anciennes, dont l'étendue est évaluée au quart environ de la superficie de l'île. — Parmi les grands et beaux arbres dont elles se composent, les plus nombreux sont les gommiers, les balatas, les fromagers, les figuiers sauvages et les courbarils.

Le sol de la Martinique, formé par des éruptions volcaniques, n'est point partout de même nature. Dans le voisinage de la Montagne-Pelée, du *Morne-Rouge* et de la *Calebasse*, et dans les quartiers du Macouba et de la Basse-Pointe, il se compose de pierres ponces, qui, pulvérisées et mêlées aux détritus végétaux, forment une terre végétale légère, mais fertile: Les terres de la Trinité et de la partie méridionale de l'île sont grasses, fortes et argileuses. Dans la partie du nord-ouest le sol est au contraire aride et pierreux.

Les terres cultivées forment à peu près les deux cinquièmes du territoire de la colonie, c'est-à-dire 58,000 hectares. Le reste se compose de savanes, 15,000 hectares; de bois et forêts, 23,000 hectares; et d'environ 15 à 16,000 hectares de terrains non cultivés.

Les côtes de la Martinique sont en général d'un accès difficile dans la partie orientale, à cause des bancs de rochers qui obstruent la plupart des anses et ports qui y existent. Cependant les havres du Robert, du François et du Vauclin y offrent un asile assez sûr, et le port de la Trinité est accessible à des bâtiments d'un fort tonnage.

Au sud, on trouve plusieurs petites anses et la baie du Marin, où les navires sont en sûreté lorsque le vent ne souffle point de l'ouest.

La rade de Saint-Pierre et la baie de Fort-Royal sont situées sur la côte occidentale. La première n'est fréquentée que par les navires de commerce, qui la quittent à l'époque de l'hivernage pour aller s'abriter dans le bassin, beaucoup plus sûr, de Fort-Royal. La baie de Fort-Royal est le plus beau port des Antilles, et des flottes nombreuses peuvent en tout temps y mouiller sans danger.

## ARRONDISSEMENTS, VILLES, QUARTIERS OU PAROISSES, POPULATION.

La Martinique se divise en quatre arrondissements ou cantons, qui se subdivisent en quartiers ou paroisses. 1º Le canton de Fort-Royal ; 2º le canton du Marin ; 3º le canton de Saint-Pierre ; 4º et celui de la Trinité.

Le canton de Fort-Royal a une population totale de 31,381 habitants, et se subdivise en huit paroisses, qui sont : Fort-Royal, le Lamentin, le Trou-au-Chat, le Saint-Esprit, la Rivière-Salée, les Trois-Islets et les Anses-d'Arlet.

La population du canton du Marin est de 17,193 habitants, répartis en six paroisses, savoir : le Marin, Vauclin, Sainte-Anne, Rivière-Pilote, Sainte-Luce et le Diamant.

Le canton de Saint-Pierre comprend 40,454 habitants, divisés en sept quartiers, qui sont : Saint-Pierre (le Mouillage et le Fort), la Basse-Pointe, la

Grande-Anse, Macouba, le Prêcheur, le Carbet, la Case-Pilote.

La Trinité compte une population de 27,005 habitants, répartis en six paroisses : la Trinité, le Gros-Morne, Robert, François, Sainte-Marie et le Marigot.

FORT-ROYAL. — Cette ville, capitale et chef-lieu militaire de la colonie, compte, avec son quartier, une population d'environ 12,000 âmes; elle a été fondée en 1672, dans une position des plus avantageuses; sa rade, comme nous l'avons dit, est la plus belle des Antilles. Son port, protégé par un fort et bordé de quais plantés d'arbres, est excellent. Une promenade appelée les Savanes se trouve au milieu de la ville, dont les principaux édifices sont, ou plutôt étaient l'église paroissiale, l'hôtel du gouvernement, ceux de l'intérieur et du génie. On y remarquait aussi les casernes, les magasins de la marine, l'hôpital et l'hôtel du préfet apostolique. Malheureusement, le tremblement de terre du 11 janvier 1859 a réduit en un monceau de ruines la ville de Fort-Royal et les communes environnantes. L'hôpital s'est écroulé sur les malades; toutes les maisons bâties en pierres ont été renversées; sept à huit cents personnes ont péri dans ce désastre. Grâce au secours du gouvernement et aux souscriptions faites dans la métropole, la ville de Fort-Royal s'est relevée de ses ruines; mais on a généralement remplacé les constructions en pierres par des édifices en bois, qui ont moins à craindre les effets des tremblements de terre. La secousse du 11 janvier s'est fait sentir dans toute l'île, mais elle n'a causé nulle part de dégâts comparables à ceux qu'a éprouvés le quartier de Fort-Royal.

Le *Lamentin*. — Ce bourg, situé sur le canal du même nom, est le plus considérable de la Martinique. Quoique malsain à cause des marais et des mangles qui l'environnent, il est avantageusement situé, et il s'y fait un grand commerce de détail. Il se compose de vastes magasins appartenant aux habitations voisines, de maisons assez bien bâties et d'un grand nombre de boutiques en bois, destinées à recevoir les denrées pour le marché qui s'y tient tous les dimanches, et auquel se rendent les habitants des quartiers avoisinants. — Le Lamentin, avec son quartier, compte 8,951 habitants.

La *Rivière-Salée.* — Ce bourg se divise en deux parties distinctes, le Grand et le Petit-Bourg. Le Grand-Bourg se compose d'une quarantaine de maisons construites autour d'une église et d'un presbytère. Le Petit-Bourg, situé à peu de distance du Grand, est formé de magasins qui servent à mettre à l'abri les denrées et les productions du territoire environnant. C'est dans une sucrerie de cette partie de la colonie qu'a été établi le premier moulin à vapeur. — Population, 2,571.

Les *Trois-Islets.* — Ce bourg, situé au bord de la mer, au N.-E. de Fort-Royal, est ainsi nommé à cause de trois gros îlots situés vis-à-vis. — Il se compose de quelques maisons en bois groupées autour d'une église : ces maisons sont la plupart occupées par des mulâtres. — Les trois petites îles qui donnent le nom à ce quartier, et qui sont situées près de terre, forment pour l'hivernage un excellent abri, que les vaisseaux de la marine impériale préfèrent au port de Fort-Royal. Sur une des trois l'*Islet-à-Ramier* est un fort composé de quelques casernes armées de canons qui défendent l'entrée de la baie de ce côté. — Population, 1,522.

Le *Marin.* — Ce bourg, chef-lieu de canton, est situé au fond de la baie de ce nom. Il est assez considérable; on y trouve un bon port, une église et un presbytère bien bâtis, de jolies maisons et des magasins assez vastes. — Population, 2,907.

Le *Vauclin*. — Ce bourg, quoique rapproché de la mer, n'offre que quelques maisons, des magasins et des cases habitées par des mulâtres. On y trouve une église et un presbytère. Le quartier du Vauclin est montagneux et fort sain. — Population, 4,878.

Le *Diamant*. — Ce bourg est situé au fond de la baie du même nom, dans l'endroit le plus abrité et le plus propre à l'embarquement des denrées. Le quartier doit son nom à un gros îlot anguleux dont les Anglais s'étaient emparés avant la prise de la colonie, en 1800, et d'où ils interceptèrent les communications par mer entre Fort-Royal, le Vauclin et le Marin. Le mancenillier est très-commun sur les bords de la baie des Diamants. Cet arbre, dont on a beaucoup exagéré l'influence pernicieuse, y croît mieux que partout ailleurs. — Population, 1,534.

La *Trinité*. — Port au fond de la baie de ce nom, chef-lieu de canton. Cette ville a été autrefois le siége d'une sénéchaussée et amirauté, qui n'existe plus depuis 1778. — Elle fut incendiée pendant la guerre civile de 1794; on y voit encore les ruines des édifices qui étaient construits en bois. On trouve à la Trinité de grands magasins, une geôle, une caserne pour une compagnie, une belle église, un presbytère et un hôpital. Les maisons sont régulières, et les rues belles et bien tracées. La rade et le port sont sûrs. Le mouillage y est bon, mais l'entrée en est difficile. — Population, 5,667.

Le *Gros-Morne*. — Ce bourg, un des mieux situés pour la salubrité, se trouve à peu près au centre de la colonie. L'église et le presbytère sont à peu près les seuls bâtiments remarquables. On y cultivait autrefois le café, mais la plupart des caféières ont été détruites par les ouragans, et remplacées par des plantations de vivres et de cannes à sucre. — Population, 4,845.

Saint-Pierre. — Port et ville à 28 kilomètres N.-O. de Fort-Royal. Cette ville forme deux paroisses distinctes, celle du Mouillage et celle du Fort, contenant ensemble, avec la population *extra muros,* 25,000 habitants. — La fondation de Saint-Pierre remonte à 1635. Par sa position et son commerce, c'est la ville la plus importante des Antilles françaises : elle possède plus de 1,800 maisons, formant environ 3,000 feux, sans y comprendre la banlieue, qui fait partie des deux paroisses. Ses rues nombreuses sont toutes pavées : des ruisseaux d'eau vive et abondante y entretiennent la fraîcheur et contribuent à la salubrité de l'air. Les maisons sont bien bâties et possèdent des fontaines alimentées, comme les fontaines publiques, par la rivière du Fort, qui partage la ville en deux parties distinctes, dont l'une conserve le nom de Saint-Pierre, et l'autre prend le nom de Paroisse-du-Fort.

*Mouillage,* partie nord de Saint-Pierre, renferme 9,400 habitants. On y compte plus de 760 maisons. L'église est d'une belle construction. — Ce quartier, particulièrement affecté au commerce, possède peu de monuments publics. On y remarque le ci-devant collège royal, dit des *Pères-Blancs,* un couvent de dames, une maison d'éducation pour les jeunes filles, un hospice de charité et l'hôpital maritime. On y trouve d'assez jolies promenades, un marché et des bains publics.

La *Paroisse-du-Fort,* située loin du commerce, est habitée par les personnes que leurs affaires n'appellent pas constamment au Mouillage. — Sa population est d'environ 13,000 habitants.

Le *Carbet.* — Ce bourg consiste dans la réunion de quelques cases autour d'une église et d'un presby- tère. C'est au Carbet qu'a eu lieu le premier établissement des Français à la Martinique. — Population de ce quartier, 4,037.

Le *Prêcheur*. — Petit bourg au nord du fort
Saint-Pierre. Les habitations du quartier de ce nom
sont fort élevées et dans d'heureuses positions. Les
cannes à sucre, le café, le cacao et les vivres y
viennent en abondance. Le café récolté au Prêcheur
passe, avec celui des Anses-d'Arlet, pour le meilleur
de la Martinique. Population, 3,403. — On pré-
tend que cette paroisse fut habitée par M^{me} de
Maintenon lorsqu'elle n'était encore que M^{lle} d'Au-
bigné.

Le *Macouba*.—Ce bourg a été détruit par les coups
de vent de 1813 et 1847 ; il n'en reste plus qu'un
petit nombre de cases. Le quartier est parsemé de
mornes cultivés qui laissent peu de terrain inculte.
On y récolte cependant une assez grande quantité de
sucre et de vivres. — Autrefois le tabac du Macouba
était extrêmement renommé. Cette culture, qui a été
l'unique lorsque la colonie a commencé à être peu-
plée, semble aujourd'hui être presque entièrement
oubliée. De petits propriétaires seuls s'en occupent
aujourd'hui. La qualité du tabac est toujours parfaite,
mais donne peu de bénéfice, parce que les pluies
rendent quelquefois la culture nulle, en détruisant
ou en faisant couler la plante. — Population, 2,271.

La *Basse-Pointe*.— Joli bourg formé d'une soixantaine de maisons et d'un assez grand nombre de cases
habitées par des hommes de couleur. — Ce bourg,
situé entre la paroisse du Macouba et celle de la
Grande-Anse, donne son nom au quartier le plus
beau, le plus salubre et le mieux cultivé de la Martinique. — Population, 3,278.

*Personnages célèbres nés à la Martinique.*

JOSÉPHINE (Marie-Rose Tascher de la Pagerie),
impératrice des Français, est née à Saint-Pierre de
la Martinique le 24 juin 1763. — Son premier mari,

Alexandre Beauharnais, fils du marquis de Beauharnais, gouverneur général des Antilles, était né aussi dans cette colonie en 1759. —On peut compter encore comme appartenant à cette colonie :

Thibault de CHAUVALON, correspondant de l'Académie des sciences, auteur d'un *Voyage à la Martinique* rempli d'observations intéressantes ; MOREAU DE SAINT-MÉRY, administrateur habile, président de l'Assemblée parisienne des électeurs de 1789, membre de l'Assemblée constituante, et auteur d'un grand nombre d'ouvrages utiles sur les colonies américaines ; BARRAS, neveu du fameux directeur, officier de marine, qui se distingua à bord de la flotte de M. de Grasse ; le mulâtre BELGARDE, homme de tête et de courage, qui fut chargé du gouvernement de la colonie après le départ du général Rochambeau, et qui fit preuve d'habileté, de courage et de fermeté dans ce poste difficile ; le chef de brigade Magloire PÉLAGE, homme de couleur, qui fut aussi temporairement placé à la tête du gouvernement de la Guadeloupe ; M. d'AVRIGNY, membre de l'Académie française, auteur de la tragédie de *Jeanne d'Arc*.

*Cultures*. — Depuis 1820, les habitants de la Martinique tournent presque exclusivement leurs efforts agricoles vers l'amélioration et l'augmentation des produits de la canne à sucre. L'introduction successive dans la colonie de la canne d'Otaïti et de la canne jaune de Batavia, dont la qualité est fort estimée, y ont prévenu la dégénération de ce végétal. Aussi les sucreries donnent-elles généralement aujourd'hui des produits comparativement plus beaux que ceux qu'elles donnaient autrefois. Dans les 58,000 hectares de terres cultivées à la Martinique, 24,000 sont consacrés à la culture de la canne.

Les plantations de vivres du pays, qui consistent

principalement en *manioc*, *bananiers*, *ignames*, *patates*, *choux-caraïbes*, *maïs*, etc., occupent 13,000 hectares; celle du caféier 3,000 hectares; le cacaoyer occupe 500 hectares, et le cotonnier 172.

*Commerce avec la métropole.* — Le mouvement commercial entre la Martinique et la France s'élève en totalité à environ 55,000,000 de francs, dont moitié à peu près en exportations de France à la Martinique, et l'autre moitié en importations de la Martinique en France.

# CHAPITRE VI

## LA GUADELOUPE

Topographie. — La Guadeloupe proprement dite. — Marie-Galande. — Les Saintes. — La Désirade. — Saint-Martin. — Description de la Guadeloupe. — Montagnes. — Volcans. — Cours d'eau. — Forêts. — Sol. — — Ports et rades. — Arrondissements, villes, quartiers ou paroisses, population. — Cultures. — Commerce.

TOPOGRAPHIE. — Le gouvernement colonial de la Guadeloupe comprend l'île de ce nom, les îles de Marie-Galande, des Saintes, de la Désirade, et les deux tiers de l'île Saint-Martin, dont la partie méridionale appartient aux Hollandais.

L'île de la *Guadeloupe* est située dans l'océan Atlantique entre les 15° 59' et 16° 40' de latitude nord, et entre les 65° 20' et 64° 9' de longitude ouest du méridien de Paris, à 100 kilomètres de la Martinique, et à 5,000 kilomètres environ des côtes de France. Les Caraïbes qui l'habitaient au temps de la découverte la nommaient *Karou-Kéra :* le nom de Guadeloupe lui fut donné par les Espagnols, qui la consacrèrent à Notre-Dame de Guadalupe, très-révérée dans l'Estramadure.

L'île de *Marie-Galande*, ainsi nommée par Christophe Colomb, du nom du vaisseau qu'il montait, est située à 20 kilomètres au sud-est de la Guadeloupe. Elle a 56 kilomètres de circonférence, et 15,344 hectares de superficie.

Les *Saintes*, découvertes quelques jours après la Toussaint, reçurent des Espagnols le nom de *Los Santos*; elles se composent de deux petites îles nommées *Terre-de-Haut* et *Terre-de-Bas*, de trois îlots et de quelques rochers, ayant en totalité une superficie de 1,256 hectares.

La *Désirade* est située à 8 kilomètres nord-est de la Guadeloupe; elle a 16 kilomètres de circuit, et 4,300 hectares de superficie.

Les Hollandais et les Français se partagèrent l'île Saint-Martin en 1648 : la partie du nord échut aux Français; elle est située à 180 kilomètres de la Guadeloupe, entre les îles Saint-Barthélemy et Anguille, dans le canal par où débouquent les bâtiments allant des petites Antilles en Europe. Superficie, 5,570 hectares.

La Guadeloupe est séparée en deux parties par un petit détroit ou canal, appelé la *Rivière-Salée*. Ce canal a 6 kilomètres de longueur sur une largeur qui varie de 30 à 120 mètres, et il n'est pas navigable pour les navires d'un fort tonnage. — La partie située à l'ouest du canal est la *Guadeloupe* proprement dite ; elle est hérissée de hautes montagnes que domine un volcan encore en activité. La partie orientale se nomme la *Grande-Terre ;* elle est généralement plate ou n'offre que des coteaux de peu d'élévation. — La Guadeloupe proprement dite a 82,289 hectares de superficie, et la Grande-Terre 55,925. La circonférence totale de l'île est d'environ

520 kilomètres. La superficie totale de la Guadeloupe et de ses quatre dépendances est de 164,515 hectares, non compris divers petits îlots semés sur les côtes de la grande île et de ses annexes.

Une chaîne de montagnes volcaniques couvertes de bois traverse la Guadeloupe proprement dite du nord au sud. La hauteur moyenne de ces montagnes, dont les sommets sont généralement de forme conique, est de 1,000 mètres. La plus remarquable est la *Soufrière,* qui s'élève, dans la partie méridionale de l'île, à 1,500 mètres au-dessus du niveau de la mer; c'est un volcan encore en activité dont le cratère laisse souvent échapper de la fumée et même des étincelles, visibles pendant la nuit. Sur ses flancs, du côté du nord-est, s'ouvrent plusieurs cavernes profondes, d'où s'échappent aussi des vapeurs, mêlées quelquefois de flammes, et dont les bords sont couverts de soufre. — Les autres montagnes remarquables de l'île sont : la *Grosse-Montagne,* les pitons de *Bouillante* et ceux des *Deux-Mamelles,* volcans aujourd'hui éteints, dont le sommet atteint une hauteur de 257 mètres ; le groupe de *Houel-Mont,* d'une hauteur de 800 mètres environ, et le *Morne-sans-Touché,* situé sur la partie de l'île restée inexplorable, et dont la hauteur n'a pu être encore exactement connue.

Le nombre des rivières et des ruisseaux de la Guadeloupe est d'environ soixante-dix, tous dans la Guadeloupe proprement dite, car la Grande-Terre n'a que quelques sources ou ruisseaux qui fournissent à peine assez d'eau pour la consommation des habitants et des animaux. La rivière la plus considérable est la *Goyave,* qui a sa source dans les hautes montagnes impraticables du centre de l'île ; après elle viennent la *Lézarde,* le *Moustic,* la *Petite-Goyave,* la *Capesterre,* le *Carbet,* etc. La Goyave et la Lézarde

seules sont navigables , mais seulement pour des
barques et des pirogues, ce qui toutefois facilite
beaucoup le transport des denrées et de la boue de
mer, que l'on emploie comme engrais dans la colonie.

La *Rivière-Salée*, qui sépare les deux îles dont se
compose la Guadeloupe, n'est navigable que pour
des embarcations non pontées, dont le tirant d'eau
n'excède pas un mètre à un mètre et demi; ce canal
n'a d'autre courant que celui qui résulte du flux et
du reflux de la mer, et il est d'une grande utilité pour
le transport des denrées des quartiers avoisinants.

Les sources d'eaux thermales sont nombreuses à
la Guadeloupe. Les plus fréquentées par les malades
sont celles de Bouillante, de Dolé, et surtout celles
du Laurentin, où l'on a construit un établissement
spécial pour les baigneurs.

Les forêts de la Guadeloupe sont considérables,
mais rien n'est réglé pour leur exploitation. Parmi
les arbres qui y prospèrent on remarque le gaïac,
dont le bois est un excellent sudorifique; le sandal,
le campêche, l'acajou, l'acacia à bois dur, le bois de
fer, le catalpa, le gommier, le savonnier, etc. Ces
forêts couvrent environ la cinquième partie de la
Guadeloupe proprement dite ; il n'existe point de
forêts à la Grande-Terre.

Le sol de la Guadeloupe proprement dite est d'une
nature médiocre, et doit sa fécondité à la chaleur et
à l'abondance des eaux. Il est composé principalement de détritus végétaux et de matières volcaniques.
— Le sol de la Grande-Terre est une terre grasse et
fertile, reposant sur une base calcaire. Presque tous
les points de son étendue sont susceptibles de culture. Aussi cette division de l'île est-elle la plus
féconde et la mieux exploitée, malgré le manque
d'eau qui s'y fait souvent sentir.

Les terres cultivées de la Guadeloupe et de ses

dépendances s'élèvent à 44,745 hectares, c'est-à-dire
à un peu plus du quart du territoire de la colonie.

L'île possède plusieurs ports et rades qui offrent
un abri aux bâtiments : les plus importants sont ceux
de la Basse-Terre et de la Pointe-à-Pitre. La rade
des *Saintes* est considérée par les marins comme une
des plus sûres des Antilles. Elle est belle, vaste, et
peut contenir un grand nombre de vaisseaux de ligne.

## ARRONDISSEMENTS, VILLES, QUARTIERS OU PAROISSES, POPULATION, ETC.

Il y a à la Guadeloupe et dans ses dépendances
deux villes, la *Basse-Terre* et la *Pointe-à-Pitre,* huit
grands bourgs et vingt-trois petits bourgs ou villages.
La population totale est d'environ 150,000 habitants.

La Guadeloupe et ses dépendances sont divisées
en trois arrondissements et en vingt-quatre paroisses
ou quartiers.

Le premier arrondissement, de la Basse-Terre, comprend trois cantons de justice de paix, neuf communes, et une population de 33,754 habitants.

Le deuxième arrondissement, de la Pointe-à-Pitre,
compte deux cantons, quatorze communes, et une
population de 42,000 âmes.

Le troisième arrondissement, de Marie-Galande
ne renferme qu'un canton et qu'une paroisse, divisée en quatre bourgades, formant une population
de 15,500 habitants.

LA BASSE-TERRE. — Cette ville, située sur la côte
occidentale de la Guadeloupe proprement dite, est le
chef-lieu et la résidence du gouvernement colonial.
Sa population est d'environ 10,000 habitants. Fondée
en 1635, la Basse-Terre a été plusieurs fois prise et
saccagée par les Anglais pendant les guerres du siècle
dernier. En 1782, elle fut ravagée par un épouvantable incendie, qui lui causa des pertes dont elle ne

s'est jamais complétement relevée. La population était alors de 15,000 habitants. Pendant la révolution, cette ville souffrit encore d'un incendie, pendant lequel la populace noire pilla et détruisit l'intendance, les archives, l'hôpital et un quartier de la ville basse. En 1821, elle fut victime d'un ouragan terrible ; enfin, en 1843, elle eut aussi à souffrir du tremblement de terre qui fut si désastreux pour la Pointe-à-Pitre.

La Basse-Terre est située au pied des montagnes, au bord de la mer, sur un emplacement resserré, beaucoup plus long que large. Elle forme deux quartiers et possède deux paroisses, Notre-Dame-du-Mont-Carmel et Saint-François. Ces deux quartiers sont séparés par la rivière aux Herbes, qui prend sa source à la Soufrière, et sur laquelle existent deux ponts, l'un en pierre et l'autre en bois. — La ville est protégée, du côté de la terre, par le fort Richepanse, et du côté de la mer par plusieurs batteries.

Les environs de la Basse-Terre, entourés de collines qui s'élèvent en amphithéâtre, parés de riches moissons de cannes, couronnés de bois et parsemés de jolies habitations, offrent un aspect charmant et pittoresque. La ville est propre et bien bâtie ; on y remarque, entre autres édifices, l'hôtel du gouvernement, le palais de justice, l'hôpital, les deux églises paroissiales, l'arsenal, la belle promenade dite *Cours-Nolivos*, plantée de magnifiques tamarins. — Le quartier Saint-François est le plus moderne et le plus populeux ; ses rues sont larges et bien percées. — Un port manque à la Basse-Terre. Elle n'a qu'une rade foraine ouverte à tous les vents. — Les navires sont obligés d'aller hiverner aux Saintes ou à la Pointe-à-Pitre, qui attire ainsi tout le commerce de la colonie.

LA POINTE-A-PITRE. — Ville située dans la Grande-Terre, au fond de la baie qui porte ce nom, à l'une des êmbouchures de la Rivière-Salée, à 48 kilomètres N.-E. de la Basse-Terre. Population, 12,000 habitants. — Cette ville, qui manque d'eau douce, est environnée de marais; l'air y est malsain, surtout pendant l'hivernage; mais la sûreté et la commodité de son port, sa position au centre des cultures de l'île, lui assurent le premier rang parmi les villes commerciales des Antilles.

La Pointe-à-Pitre est d'origine toute récente, car elle n'a été fondée qu'en 1763, il y a quatre-vingt-dix ans. Jusqu'en 1772, elle porta le nom de *Ville du Morne-Renfermé;* mais celui de la *Pointe-à-Pitre*, nom du pêcheur qui habitait l'emplacement où les premières maisons furent construites, a prévalu plus tard. La ville fut incendiée en 1780; mais elle avait été reconstruite en pierre, et elle était devenue une ville élégante et régulière, lorsque arriva l'épouvantable tremblement de terre de 1843, dont nous avons donné plus haut les détails.

Après ces deux villes, on remarque les principaux bourgs suivants :

*Matouba.* — Ce quartier, le plus petit de l'île, est le seul qui ne touche pas à la mer. Adossé aux mornes qui forment la base de la Soufrière, il est le plus sain et le plus agréable pour les Européens. Son climat peut être comparé à celui du midi de la France; néanmoins l'air y est plus humide.

Le *Baillif.* — On remarque dans ce quartier, sur la rive droite de la *Rivière-des-Pères*, au milieu des haliers qui couvrent la plage, la *tour* à demi ruinée du *Père Labat*, que ce moine ingénieur fit construire en 1705, pour couvrir deux habitations qui appartenaient à son couvent, et que les Anglais avaient déjà ravagées en 1691. — Le bourg du Baillif, sur la rivière de ce nom, a été détruit deux fois par les Anglais, et est maintenant à peu près désert.

*Bouillante.* — Ce quartier renferme un bourg qui a été brûlé et saccagé par les Anglais en 1703, et qui se dépeuple tous les jours à cause de son insalubrité. — Le sol de Bouillante porte des traces récentes des feux souterrains. On trouve, en creusant à 33 centimètres de profondeur, la terre et le sable très-chauds; à 33 centimètres plus bas, ils deviennent brûlants, et exhalent une fumée sulfureuse. Le quartier renferme plusieurs sources d'eaux thermales, dont une, qui jaillit sur le rivage, est assez chaude pour cuire un œuf et pour échauffer, dit-on, les eaux de la mer dans un rayon de quelques mètres.

*Sainte-Rose.* — Ce bourg est beau et bien entretenu; il renferme des magasins, une église, un presbytère et un assez grand nombre d'habitations. — C'est dans le quartier Sainte-Rose que Lolive et Duplessis firent, en 1635, leur premier établissement; ils y avaient construit deux petits fortins dont on ne voit plus de traces. On nomme encore le lieu où ils débarquèrent l'*anse du Vieux-Fort*.

Le *Capesterre.* — Le bourg du Capesterre ou du Marigot est un des plus considérables de l'île. On trouve dans ce quartier les ruines du bourg Saint-Sauveur, incendié en 1802 par les nègres révoltés.

Le *Moule.* — Sur la côte N.-E. de la Grande-Terre. Ce bourg est agréable, propre, bien bâti, et a l'aspect d'une petite ville. Il possédait avant la révolution une sénéchaussée, supprimée en 1783. — Au commencement de la révolution, on y établit un tribunal de première instance qui fut supprimé en 1802.

*Sainte-Anne.* — Ce bourg, situé à 16 kilomètres S.-E. de la Pointe-à-Pitre, était autrefois le tribunal de sénéchaussée de la Grande-Terre. — Il eut beaucoup à souffrir lors de la révolte des nègres en 1790 et en 1802; c'est néanmoins, après le Moule, le plus beau et le plus grand bourg de la colonie.

*Anse-à-Bertrand.* — Sur la côte orientale de ce quartier, à l'anse du *Petit-Port-Land*, on trouve un hameau composé de quelques cases où vivent sept à huit familles descendant des Caraïbes, uniques restes de ces anciens et infortunés habitants de la Guadeloupe. Ces familles, qui ne s'occupent que de pêche, paraissent avoir surtout conservé du caractère de leurs aïeux un irrésistible penchant à l'oisiveté. Nous avons dit que par la couleur de leur peau et par leur langage ils se confondaient avec les mulâtres ; mais ce qui les en distingue, ce sont leurs cheveux noirs et lisses, leurs yeux gros et saillants, et leurs membres épais.

*Grand-Bourg* ou *Marigot*, chef-lieu d'arrondissement et de canton de l'île Marie-Galande, siége du tribunal de première instance et du tribunal de paix. — Le commandant militaire y fait sa résidence. L'édifice en bois qui lui sert de logement a été construit en 1811 par les Anglais ; il offre un bel aspect et des distributions commodes. Il y a à Marie-Galande trois paroisses, autrefois desservies par des carmes, et qui le sont aujourd'hui par un curé aidé de deux ou trois vicaires.

Le bourg des *Saintes* est situé dans la partie appelée *Terre-d'en-Haut*. Il se compose de quelques maisons pour les habitants, de casernes, d'un hôpital et du logement du commandant militaire, belle habitation en bois, construite du temps des Anglais.

L'île de la Désirade ne renferme qu'un petit bourg formé de quelques cases et magasins groupés auprès de l'église. — Il y a dans cette île une léproserie, établie en 1728, et qui contient habituellement 50 à 60 malades venant de la Guadeloupe et de ses dépendances, et même de la Martinique.

Le *Marigot*, chef-lieu de l'île Saint-Martin, est composé d'environ 50 maisons assez mal bâties.

On n'y trouve ni église, ni hôpital, ni magasins. —
Il est défendu par un fortin en assez mauvais état, où
se trouvent un logement pour le commandant et une
caserne pour la garnison. — Il possède un tribunal
de paix. La vaste baie qui lui tient lieu de port et au
fond de laquelle il est placé, offre un bon mouillage.

La partie française de l'île Saint-Martin est divisée
en quatre quartiers : le Marigot, le Colombier, la
Grande-Case, et Orléans. — Sa population est d'environ 5,600 habitants. — Les Anglais ont occupé cette
île en 1781, en 1794, en 1800 et en 1810. Elle a été
restituée à la France et à la Hollande en 1814 ; mais
les dix-neuf vingtièmes des habitants de Saint-Martin
sont Anglais, et ils possèdent presque toute l'île sous
le nom des deux nations auxquelles elle est censée
appartenir.

*Personnages remarquables nés à la Guadeloupe.*

Parmi les hommes distingués qui sont nés à la
Guadeloupe, nous citerons l'illustre Dugommier,
général en chef de l'armée des Pyrénées sous la
République, mort glorieusement sur le champ de
bataille de la Montagne-Noire, en chassant les Espagnols du territoire national. Dugommier sut reconnaître et apprécier le génie du jeune Bonaparte
lorsqu'il fut envoyé comme commandant d'artillerie
au siége de Toulon. Napoléon, devenu empereur, se
plaisait à raconter que c'était à Dugommier, qui l'avait
souvent signalé dans ses rapports, qu'il devait son
avancement et la brillante fortune à laquelle il était
parvenu.

Nous citerons encore, parmi les hommes remarquables de cette colonie, le général de division
Gobert, un des braves officiers de l'Empire ; le colonel
Saint-Georges, célèbre par son caractère chevale-
resque, ses talents pour l'escrime et l'équitation, et

4

sa science musicale ; le peintre Lethière, membre de l'Institut, longtemps directeur de l'école française à Rome, et auteur du beau tableau que l'on voit au musée du Louvre, représentant *la mort des fils de Brutus ;* le poëte Léonard, auteur d'idylles gracieuses et de poésies pastorales estimées ; et Campenon, neveu du précédent, poëte agréable et spirituel, auteur de l'*Enfant prodigue,* successeur de Delille à l'Académie française.

*Culture.* — Les cultures de la Guadeloupe sont à peu près les mêmes que celles de la Martinique. Les plantations de cannes occupent dans la Guadeloupe et ses dépendances environ 25,000 hectares ; celles de vivres, 13,000 hectares ; celles de caféier, 6,000 hectares ; de cotonnier, 1,000 hectares ; de cacaoyer, 159 hectares ; de tabac, 16 hectares ; de mûrier, 9 hectares ; de giroflier, 2 hectares.

*Commerce.* — Le mouvement commercial entre la Guadeloupe et la France s'élève, en totalité et en moyenne par année, à 40,000,000 de francs, dont 24,000,000 pour importation de la Guadeloupe en France, et 16,000,000 pour exportation de France à la Guadeloupe.

# CHAPITRE VII

## GUYANE FRANÇAISE

Histoire. — Découverte. — Premiers établissements. — *Compagnie du Cap-Nord.* — *Compagnie de la France équinoxiale.* — Elle se fond avec la *Compagnie des Indes occidentales.* — Importance de la colonie sous le gouvernement de M. de la Barre. — Suppression de la Compagnie des Indes occidentales. — Accroissement de la colonie. — Malheureuse expédition de Ducasse. — Cultures de la colonie pendant la première moitié du xviiie siècle. — Expédition du Kourou. — Ses suites déplorables. — Administration de M. Malouet. — Prospérité de la colonie. — Effets de la révolution de 1789 sur la colonie. — La Guyane choisie pour lieu de déportation. — Effets de cette mesure. — Administration de Victor Hugues. — Les Portugais s'en emparent. — Elle est rendue à la France. — Tentatives faites par le gouvernement français depuis 1814 pour la colonisation de la Guyane. — Établissement fondé par Mme Javouhey. — Colonie pénitentiaire à la Guyane. — Topographie. — Aspect du pays. — Sol. — Montagnes. — Forêts. — Cités. — Iles. — Rivières. — Météorologie. — Température. — Climat. — Sa salubrité. — Le centenaire de la Guyane. — Histoire naturelle. — Villes, bourgs, quartiers. — Indiens. — Commerce.

HISTOIRE. — On désigne sous la dénomination générale de *Guyane* la partie du continent américain qui se trouve comprise entre le fleuve des Amazones et celui de l'Orénoque. Les côtes en furent visitées pour la première fois en 1598 par Christophe Colomb ; mais plus d'un siècle s'écoula avant que la France cherchât à y faire des établissements sérieux.

Dans le xvie siècle, le bruit répandu en Europe qu'au centre de la Guyane existait une ville d'El-Dorado, où la famille des Incas avait trouvé refuge avec tous ses trésors, attira en Amérique une foule d'aventuriers qui y firent vainement la recherche de cette cité imaginaire.

En 1604, quelques Français s'établirent dans l'île de Cayenne. Cette colonie naissante servit de refuge à leurs compatriotes protestants chassés du Brésil portugais. En 1626, vingt-six Français vinrent se fixer, comme agriculteurs, sur les bords de la rivière de Sinnamari. En 1630 et 1633, une centaine de nouveaux colons s'établirent sur celle du Conanama, qui en est distante de 24 kilomètres. Enfin, vers 1634, un certain nombre de Français passèrent dans l'île de Cayenne, et commencèrent à cultiver la côte de Rémire. L'année suivante, les mêmes Français construisirent à 12 kilomètres de leur premier établissement, à l'entrée de la rivière de Cayenne, un fort et une ville, qui depuis est devenue le chef-lieu de la Guyane française.

Tels furent les premiers débuts de la colonisation de la Guyane française. Des négociants de Rouen, voulant tirer parti de ces établissements naissants, formèrent une société, et obtinrent en 1633 le privilége du commerce et de la navigation des pays situés entre l'Amazone et l'Orénoque. Leurs essais n'ayant pas réussi, il se forma, dix ans plus tard, une nouvelle compagnie dans la même ville sous le nom de *Compagnie du Cap-Nord*. Trois cents hommes furent réunis par cette compagnie, et envoyés à Cayenne sous la conduite de Poncet de Bretigny, l'un des associés.

Ce chef se conduisit avec tant d'extravagance et de cruauté, qu'une partie des colons s'enfuit dans les bois pour échapper à sa barbarie, et que les indigènes, poussés à bout, se soulevèrent en masse et le massacrèrent, ainsi que la presque totalité des Français qu'il avait amenés à la Guyane.

A la suite de ces événements, il se forma en 1651, à Paris, une nouvelle compagnie sous le nom de *Compagnie de la France équinoxiale,* c'était ainsi qu'on appelait alors la Guyane française. Cette compagnie, composée de douze associés qui prenaient le titre des *Douze seigneurs*, parvint à enrôler à Paris même sept à huit cents hommes, qui s'embarquèrent au Havre vers le milieu de 1652, sous le commandement d'un gentilhomme normand nommé Roydeville. Pendant la traversée, une conspiration fut formée contre le commandant par les douze seigneurs eux-mêmes; ils poignardèrent Roydeville et mirent un des conjurés à sa place. Une expédition si déplorablement commencée devait avoir une triste fin. Les douze seigneurs, arrivés dans la colonie, y commirent les plus grands excès. L'un d'entre eux fut pendu, trois furent relégués dans une île déserte, et deux autres moururent de maladie.

Bientôt la guerre avec les naturels éclata, et une horrible famine vint mettre le comble aux maux de la colonie, qui en peu de temps perdit une partie de ses habitants. Les attaques réitérées des Indiens Galibis forcèrent même, en 1654, les débris de cette malheureuse expédition à se réfugier à Surinam, devenu dès lors le chef-lieu de l'établissement que la Hollande avait formé à la Guyane entre le Maroni et l'Orénoque.

En 1663, il se forma une autre association sous le même nom que la précédente. Aidée par le gouvernement, elle chassa de l'île de Cayenne un certain nombre de Hollandais qui, voyant l'île évacuée par ses possesseurs, s'y étaient établis, et qui y avaient même déjà formé deux sucreries, ainsi que des plantations de rocou et d'indigo, dont ils commençaient à tirer un parti avantageux.

L'année suivante, la société dont nous venons de parler se fondit dans la grande *Compagnie des Indes occidentales*, fondée, comme nous l'avons dit à l'article des Antilles, en 1664, pour exploiter pendant quarante ans toutes les îles et terres occupées par des Français dans l'Amérique méridionale.

La colonie prit alors une certaine importance. Sous l'administration prudente de M. de la Barre, gouverneur de la Guyane, mille à douze cents Français travaillèrent avec ardeur à défricher les terres, et dès lors le but de la colonisation put être assuré. C'est de cette époque qu'il faut dater la véritable fondation de la ville de Cayenne, qui acquit alors une certaine importance, et devint le débouché des produits agricoles de toutes les plantations voisines. Malheureusement la guerre vint arrêter pour quelque temps encore l'essor que commençait à prendre la colonie. En 1667, les Anglais s'emparèrent de l'île de Cayenne, dévastèrent les plantations et se retirèrent au bout d'un mois, laissant la colonie à moitié détruite; mais à la fin de la même année les Français reprirent leurs travaux agricoles, et la colonie vit ses pertes se réparer.

La colonie demeura en paix pendant environ six années. Le commerce reprit vigueur; et des missionnaires jésuites, ayant pénétré dans l'intérieur de la Guyane par le cours supérieur de l'Oyapock, y rencontrèrent de nombreuses peuplades d'Indiens, qu'ils instruisirent dans la religion catholique et mirent en rapport avec les habitants de Cayenne.

En 1672, les Hollandais s'emparèrent de Cayenne par surprise; mais à la fin de 1674, le vice-amiral d'Estrées parut devant cette ville avec une flotte d'une vingtaine de voiles, et força les Hollandais à se rendre à discrétion.

En 1674, la Compagnie des Indes occidentales fut supprimée, ainsi que nous l'avons dit, et la Guyane française rentra, comme les autres colonies, sous la domination immédiate du roi. Les colons, qui avaient continué de vivre en paix avec les Indiens, recommencèrent alors à s'adonner avec activité à la culture de l'indigo, du coton et de la canne à sucre.

En 1686, la Guyane française reçut un accroissement de population et de richesses. Des flibustiers qui revenaient chargés des dépouilles de la mer du Sud, s'y fixèrent et consacrèrent leurs capitaux à l'agriculture. La colonie prospérait rapidement, lorsqu'en 1688 un marin nommé Ducasse, réveillant le ressentiment des habitants de Cayenne contre les Hollandais, proposa aux nouveaux colons le pillage de Surinam à titre de représailles. Tentés par la cupidité, ceux-ci redevinrent corsaires, et leur exemple entraîna presque tous les habitants. L'expédition fut malheureuse : la plupart des agresseurs, faits prisonniers, furent conduits aux Antilles, et la Guyane française perdit ainsi la partie la plus active et la plus laborieuse de sa population. Le mouvement imprimé aux cultures s'arrêta, et l'exploitation des terres resta concentrée dans l'île de Cayenne.

Les premières productions de la Guyane française avaient été le rocou, le coton et le sucre. De 1716 à 1721, on y introduisit des semences fraîches de café de Surinam, malgré la surveillance des Hollandais; la culture de cette denrée coloniale se naturalisa dès lors à Cayenne. Dix à douze ans plus tard, on planta des cacoayers, et la colonie entra en voie de progrès. En 1750, la population totale s'y élevait à plus de 5,000 personnes; et en 1752 il sortit de la colonie 150,270 kilogrammes pesant de rocou, 40,180 kilogrammes de sucre, 8,450 kilogrammes de coton, 13,440 kilogrammes de café, 45,450 kilogrammes de cacao, et 206 mètres de bois.

Le gouvernement français, voulant réparer la perte du Canada, en 1763, conçut le dessein de donner un grand développement à la colonisation de la Guyane française; il se proposait d'y établir une population nationale et libre, capable de résister par elle-même aux attaques étrangères, et de servir de boulevard aux autres colonies françaises d'Amérique. Une expédition de 12,000 colons volontaires, de toutes les classes, sortis pour la plupart de l'Alsace et de la Lorraine, mit à la voile et se dirigea sur Cayenne. Les îles du Salut et les bords du Kourou les reçurent; mais le mauvais choix des émigrants, l'oubli des précautions nécessaires pour assurer leur logement et leur subsistance, l'imprévoyance inconcevable qui se montra dans toutes les mesures, occasionnèrent la mort du plus grand nombre des colons, et entraînèrent une dépense en pure perte que l'on n'évalue pas à moins de 30 millions de francs. De ces 12,000 individus il ne revint en Europe que 2,000 hommes, dont la constitution robuste avait pu résister à l'intempérie du climat et à toutes les misères réunies. Une soixantaine de familles françaises, allemandes et acadiennes, que la mort avait également épargnées, allèrent se fixer entre les rives du Kourou et du Sinnamari, où elles vécurent des produits de leur bétail. Ce fut là tout ce que la colonie retira d'une entreprise qui, mieux dirigée, eût peut-être placé la Guyane française au premier rang parmi les établissements coloniaux de l'Amérique méridionale.

Une nouvelle entreprise, commencée en 1768 pour l'exploitation d'un district fertile, sur la rive droite de Tonnegrande, n'eut pas un résultat plus satisfaisant.

La Guyane française resta plusieurs années dans un état de stagnation complète. En 1775, sa population totale ne s'élevait qu'à 9,300 personnes, et la valeur totale des denrées exportées pour la France n'atteignait pas 500,000 livres tournois.

Il y avait déjà près d'un siècle et demi que les Français étaient établis à Cayenne, et durant ce long espace de temps la colonie n'avait présenté aucun accroissement sensible, soit dans ses cultures, soit dans sa population, soit dans son commerce; elle avait coûté à l'État plus de 60 millions, et toutes les entreprises qui y avaient été faites par le gouvernement ou par les particuliers n'avaient eu que des suites fâcheuses. Cependant (ainsi que l'écrivait alors M. Malouet, dont l'opinion dans tout ce qui regarde la Guyane est d'un si grand poids) la position de cette colonie au vent de toutes les autres, l'étendue de ses forêts, ses vastes savanes propres à la nourriture des bestiaux, l'abondance des poissons qui se trouvent sur ses côtes, présentaient de grands moyens de commerce; les terres basses, comprises entre les rivières, pouvaient produire toutes les denrées coloniales dont l'exportation est l'aliment du commerce et de la navigation; les mornes et toutes les terres hautes situées au delà des savanes étaient susceptibles de fournir les grains, légumes, fruits et racines du pays nécessaires non-seulement à la nourriture des colons, mais même à l'approvisionnement des Antilles; enfin, en remontant les rivières jusqu'à 60 et 80 kilomètres, on pouvait se livrer avantageusement à l'exploitation des bois pour la marine et les constructions civiles.

Jusque alors le défaut de connaissances locales suffisantes avait été un des principaux motifs du peu de succès des diverses entreprises tentées pour tirer parti des avantages naturels de la Guyane. On sentit à la fin la nécessité d'envoyer sur les lieux un homme éclairé, qui eût le désir sincère d'acquérir ces connaissances indispensables, et M. Malouet fut choisi.

Après s'être rendu à Surinam, à l'effet de prendre une connaissance exacte de l'administration, et surtout du système d'agriculture que les Hollandais avaient adopté pour l'exploitation des terres basses de cette partie de la Guyane, M. Malouet conçut le

**4***

projet d'appliquer ce système aux terres basses de la partie française. Il ramena à Cayenne un ingénieur hollandais, nommé Guizan, qu'il avait obtenu la permission d'attacher au service de la France. Sous la direction de cet homme habile on commença à s'occuper de chemins, de desséchements, de canaux. Malheureusement le mauvais état de la santé de M. Malouet le força de revenir en France avant qu'il eût pu voir le succès de ses travaux; mais l'utile impulsion qu'il avait donnée fut suivie par ses successeurs. Ils s'occupèrent surtout à multiplier les arbres à épices, dont, quelques années auparavant, M. Poivre avait ravi quelques plants aux Hollandais pour en enrichir la Guyane française. Une partie de l'habitation connue sous le nom de *la Gabrielle* fut alors défrichée, et l'on y planta le giroflier et la muscade, qui y prospérèrent de manière à faire concevoir les plus grandes espérances. C'est aux importations de cette époque que la colonie actuelle doit ses plus importants produits.

La révolution de 1789 arrêta subitement cette prospérité; elle produisit de grands troubles à la Guyane comme dans nos autres colonies. Les décrets de la Convention pour l'abolition de l'esclavage occasionnèrent en 1794 des révoltes de noirs. Malgré les règlements sévères qui furent adoptés pour le maintien du travail, il y eut des désordres sans cesse renaissants et un abandon à peu près complet des exploitations agricoles.

En 1790, d'après les documents officiels, la population de la colonie montait à 14,520 individus; la population indigène se composait de 800 Indiens de différentes tribus. Le mouvement total du commerce de la Guyane française avec la France et l'étranger s'élevait à la même époque à 1,202,058 francs.

En 1797, le gouvernement républicain choisit la

Guyane française pour un lieu de déportation, et y envoya les proscrits du 18 fructidor, au nombre de 500 environ. La plus grande partie de ces malheureuses victimes de nos troubles civils périt de chagrin, de dénûment et de maladies, dans les déserts de Sinnamari, d'Approuague et de Conanama. Le sort funeste de tant d'infortunés, dont beaucoup de causes étrangères aux localités précipitèrent la fin, et les sombres récits de ceux des déportés qui parvinrent à revenir dans leur patrie, sont la principale cause de la défaveur qui pèse encore sur cette contrée, et de l'opinion qui s'est formée sur l'insalubrité du climat, sans distinction de lieu ni d'exposition; et depuis cette époque, ni le temps ni l'expérience n'ont pu détruire complétement encore cette réputation d'insalubrité, d'ailleurs si peu méritée.

Sous le gouvernement de Victor Hugues, de 1800 à 1809, la colonie fut enrichie par les prises des corsaires armés à Cayenne; mais cette richesse dura peu, et l'on est fondé à dire qu'elle nuisit même à la prospérité future, en détournant les habitants de la culture des terres.

En 1809, les Anglais se réunirent aux Portugais pour attaquer la colonie. Le gouverneur général, Victor Hugues, capitula le 12 janvier 1809, en stipulant que la colonie serait remise, non aux Anglais, mais aux Portugais.

En 1814, la France rentra, par le traité de Paris, dans ses droits sur la Guyane, dont la reprise de possession ne fut toutefois effectuée que le 8 novembre 1817, sous réserve de la fixation définitive de ses limites entre l'Oyapock et l'Amazone.

La Guyane a depuis lors, et à diverses reprises, attiré la sollicitude du gouvernement, qui désirait accroître la population de cette colonie. Plusieurs

tentatives furent d'abord infructueuses ; celle qui a
eu le plus de succès est l'établissement agricole
formé sur les rives de la Mana. Deux premiers essais
en 1823 et en 1824 ne réussirent pas ; mais en 1828,
M^me Javouhey, fondatrice et supérieure générale de
la congrégation des sœurs de Saint-Joseph de Cluny
ayant offert de continuer l'entreprise de la colonisation, et de fonder sur les bords de la Mana des
établissements propres à servir d'asile aux enfants
trouvés, son plan fut agréé par le gouvernement, et
une nouvelle expédition de trente-six sœurs de la
congrégation, de trente-neuf cultivateurs engagés
pour trois années, et de quelques enfants, partit en
août 1828, aux frais de l'État, sous la conduite de
cette dame. M^me Javouhey s'occupa principalement
de l'éducation des bestiaux, et de l'exploitation des
bois de charpente et de menuiserie que lui fournis-
saient en abondance les belles forêts du voisinage,
et elle borna la culture des vivres à ce qu'exigeait la
nourriture de la petite colonie. A l'expiration de leur
engagement en 1831, les trente-neuf cultivateurs
qu'elle avait amenés la quittèrent ; mais elle y sup-
pléa de manière à maintenir son établissement en
voie de prospérité.

En 1835, l'établissement de M^me Javouhey changea
complétement de nature. Sur sa demande, le gouvernement décida que les noirs de traite libérés en
vertu de la loi du 4 mars 1831, qui existaient alors
à la Guyane, seraient successivement envoyés sur les
bords de la Mana, pour y être préparés par le travail et par les bonnes mœurs à la liberté dont ils
devaient plus tard jouir sans réserve. Cette décision
reçut son exécution ; 550 noirs libérés furent bientôt
réunis sur les bords de la Mana, et la situation
de cet établissement n'a fait depuis que prospérer.

En 1852, Louis-Napoléon, alors président de la

République, a supprimé les bagnes, et décidé qu'il serait établi à la Guyane une colonie pénitentiaire où seraient successivement transportées la population valide des bagnes de France et une certaine catégorie de condamnés. Cette décision a depuis deux ans commencé à recevoir son exécution; mais les résultats d'une mesure de cette nature ne peuvent être appréciés que par le temps, et un trop court espace s'est encore écoulé pour qu'il soit possible de reconnaître d'une manière certaine ses avantages ou ses inconvénients.

TOPOGRAPHIE. — La Guyane française est une portion de cette vaste contrée de l'Amérique méridionale qui s'étend entre l'Orénoque et la rivière des Amazones. Comprise entre les 2° et 6° de latitude nord, et entre 52° et 57° de longitude ouest du méridien de Paris, elle est bornée au nord-est par l'océan Atlantique, au nord-ouest et à l'ouest par le cours de la rivière du Maroni, qui la sépare de la Guyane hollandaise, et par les pays intérieurs encore peu connus, situés au delà du Rio-Branco, et enfin, au sud, par l'ancienne Guyane portugaise, faisant aujourd'hui partie de l'empire du Brésil. Ses limites ne sont pas encore exactement arrêtées. Celle du nord est depuis longtemps invariablement fixée à la rivière du Maroni; mais celle du sud a donné lieu avec le Portugal et avec le Brésil à plusieurs contestations qui jusqu'à présent n'ont produit aucun résultat. Quant à la limite occidentale qui détermine la profondeur de la Guyane dans les terres, sa fixation a été jusqu'à présent arbitraire. Les uns la reculent jusqu'au Rio-Negro, les autres prétendent qu'elle doit s'arrêter à la Sierra Tumucaragua, parce que cette chaine de montagnes ferme de ce côté le bassin de tous les fleuves qui ont leur embouchure sur les côtes françaises.

Le vague des limites intérieures de la Guyane fran-

çaise ne permet pas de déterminer d'une manière
précise l'étendue du territoire de la colonie. On peut
dire seulement que la longueur de son littoral, depuis
le Maroni jusqu'à la rivière Vincent-Pinson, est de
500 kilomètres, sur une profondeur qui, poussée
jusqu'au Rio-Branco, ne serait pas moindre de 1,200
kilomètres, et donnerait alors une superficie trian-
gulaire de plus de 500,000 kilomètres carrés.

*Aspect du pays, sol, montagnes, forêts.* — La Guyane
est le pays le plus jeune, le plus nouveau de toute
l'Amérique. On y voit partout les traces de volcans
éteints, et celles des eaux qui couvraient les parties
basses du continent, lorsque les terres élevées au-
dessus de leur surface étaient encore bouleversées
par les feux souterrains.

Les terres hautes ne sont composées que de sables,
de roches à craie et de matières vitrifiées, où les
graines portées par les vents et analogues au sol ont
fructifié et formé de vastes forêts. Ces forêts com-
mencent de 60 à 80 kilomètres des côtes, et se pro-
longent dans l'intérieur du continent jusqu'à des
profondeurs inconnues. Dans ces forêts, où la nature
déploie un luxe étonnant de végétation, les arbres
ne sont point groupés par familles, mais éparpillés
confusément, soit sur les terrains marécageux, soit
sur les flancs ou au sommet des montagnes. Le nombre des espèces est considérable, il y en a de précieux, et presque tous sont propres aux constructions
civiles et navales, à la menuiserie, à la charpente,
au charronnage, au tour, à l'ébénisterie, ou à la
teinture. On cite comme les plus beaux et les plus
précieux parmi les bois d'ébénisterie l'*acajou*, le
*bagot,* le *boco,* le *bois de lettre moucheté,* le *bois
satiné rubané,* le *courbaril,* etc. Les forêts de la
Guyane française renferment en outre un grand nombre d'arbres à gomme, à résine, à baume, et d'autres

arbres et arbustes qui peuvent fournir des substances aromatiques et médicinales.

On considère le sol cultivé de la Guyane comme renfermant un tiers de terres argileuses de formation volcanique, et deux tiers de terres grasses et riches de formation alluvionnelle. Les terres s'y divisent en *terres hautes* et en *terres basses* ou *mouillées.* Celles-ci, qui forment la partie fertile, comprennent les terres marécageuses, les savanes ou prairies naturelles, inondées dans la saison des pluies, et la partie littorale, couverte par la zone des mangles et des palétuviers. — Les forêts vierges des terres hautes ont, sur les forêts vierges du Brésil, l'avantage d'être saines et aérées.

Le terrain de la Guyane s'élève par une pente peu sensible. Les coteaux qui avoisinent les terres basses n'ont pas plus de 50 à 60 mètres au-dessus du niveau de la mer; mais en s'enfonçant dans l'intérieur du pays on trouve des chaines assez hautes pour mériter le nom de montagnes. — La côte n'offre d'autres élévations que les collines de Cayenne et la *montagne d'Argent,* près de l'Oyapock, dont le sommet a la forme d'une selle et qui est couverte de bois.

*Côtes, îles,* etc. — Les côtes sont plates et formées de terrains d'alluvion, auxquels une étroite forêt de mangliers et de palétuviers sert de ceinture. Cette forêt, se prolongeant sur la ligne que la marée couvre et découvre, met progressivement à l'abri les conquêtes qu'elle fait chaque jour sur l'Océan. La mer est peu profonde: néanmoins l'embouchure des rivières offre partout un mouillage sûr et facile aux bâtiments d'un faible tirant d'eau.

Quelques îles, des îlots et plusieurs rochers percent à travers les vases molles qui bordent les côtes. La plus grande des îles est *l'île de Cayenne,* où se trouve la ville chef-lieu de la colonie. Cette île n'a que 20 kilomètres de long sur 12 de large, et présente, par exception, un terrain montagneux et sec, mais un peu aride. Les trois *îles du Salut*, ou *du Diable*, près du Kourou, forment un triangle qui renferme un excellent mouillage, pendant la saison sèche, pour les vaisseaux de haut bord. Ces trois îles, nommées l'une l'*île Royale*, l'autre l'*île Marchande*, et la troisième l'*île au Diable*, sont élevées, boisées et d'un bel aspect; elles ne sont séparées l'une de l'autre que par un chenal très-étroit. C'est dans l'île Royale que se trouvait autrefois l'établissement destiné à recevoir les lépreux de la colonie. En 1833, cet établissement a été transféré sur les bords de l'Acarouané, l'un des affluents de la Mana. Le *groupe de Remire*, au sud de Cayenne, est composé de cinq îlots réunis, le *Père*, la *Mère*, les *Deux Filles*, le *Malingre*, et d'un îlot détaché, l'*Enfant-Perdu*. En longeant la côte de la Guyane française depuis l'Oyapock jusqu'au cap Nord, on rencontre dans le voisinage de ce cap, vis-à-vis l'embouchure de la rivière Carapapouri ou de Vincent-Pinson, l'île *Maraca*. Cette île est grande et formée de terres fertiles; on y trouve d'excellents lacs, de beaux bois de construction, et ses abords sont très-poissonneux.

*Rivières, canaux, routes.* — Peu de pays sont plus sillonnés de cours d'eau que la Guyane française. On y compte vingt-deux fleuves ou rivières qui débouchent dans la mer, et dont les nombreux affluents traversent le pays dans toutes les directions. Les principaux cours d'eau sont : le Maroni, l'Oyapock, l'Approuague, le Kourou, le Sinnamari, l'Ouyac, la *rivière de Cayenne*, la Mana, l'Iracoubo, le Conanama, le Kaou ou Kaw, etc. Ces rivières sont larges, mais non profondes. A l'exception de l'Oyapock et du Maroni, toutes ont un cours peu étendu (de 160 à 200 kilomètres). Quant à ces deux fleuves,

les plus grands de la colonie, on n'a point encore
reconnu d'une manière certaine leurs sources, que
l'on a lieu de croire assez rapprochées l'une de l'autre.
Ils coulent dans des directions opposées, et décrivent,
en s'éloignant l'un de l'autre, un grand arc de cercle
qui embrasse toute la partie habitée de la colonie, et
dont la corde, à partir d'une embouchure à l'autre,
a environ 280 kilomètres de longueur. La ville de
Cayenne, chef-lieu de la colonie, se trouve située
à 120 kilomètres de l'embouchure de l'Oyapock, et
à 160 de celle du Maroni.

Les rivières de la Guyane française et leurs rami-
fications établissent de nombreuses communications
entre toutes les parties de la colonie, et surtout entre
les quartiers qui avoisinent le chef-lieu. Aussi le
transport des denrées de la colonie se fait-il presque
exclusivement par eau. Cette facilité naturelle de
communications a fait négliger l'établissement de
routes régulières, car on ne peut donner ce nom
aux chemins qui existent dans la colonie, à l'exception toutefois d'une route qui traverse l'île de
Cayenne, et dont la longueur n'est que de 16 kilomètres.

Plusieurs canaux de desséchement ont été creusés
pour rendre propres à la culture les terrains fertiles
de la côte que la mer et les eaux pluviales inondaient
chaque année. C'est ainsi qu'on a commencé à mettre
en valeur les plaines alluvionnelles qui séparent la
rivière d'Approuague de Cayenne. Le plus important
est le *canal de Torcy*, qu'avoisinent de riches plantations de cannes à sucre, de café, de coton, de
rocou, etc.

MÉTÉOROLOGIE.—*Température, climat, saisons,* etc.
—A Cayenne, les termes extrêmes de la température
sont en minimum 23 à 24° centigrades, et en maximum 57 à 40°; mais son élévation habituelle est

entre 25 à 30°. La chaleur est donc généralement forte à la Guyane, surtout pendant la saison qu'on appelle l'hivernage, parce qu'alors l'effet de la température se combine avec l'influence débilitante de l'humidité et avec l'absence des brises de mer qui rafraîchissent l'atmosphère pendant le reste de l'année.

Cependant le climat de la Guyane n'est pas malsain. Il a longtemps existé en France, contre sa salubrité, d'injustes préjugés, qu'une connaissance plus exacte du pays ne permet plus aujourd'hui de conserver. Si de nombreuses victimes ont succombé dans la plupart des tentatives de colonisation qui ont été faites jusqu'à ce jour à la Guyane, leur perte doit être attribuée plutôt à l'imprévoyance, aux privations et à la nostalgie, qu'à l'insalubrité du climat. Malgré la constante élévation à laquelle la température se soutient, et l'extrême humidité qui règne pendant la plus grande partie de l'année, le climat est loin d'être aussi malsain qu'à la Martinique, à la Guadeloupe et dans toutes les Antilles, et surtout à la Nouvelle-Orléans; on peut même dire que l'air est aussi pur à Cayenne et sur les habitations anciennement défrichées et placées sur le bord de la mer, que dans les provinces méridionales de la France. La fièvre jaune n'a jamais exercé de ravages dans la colonie comme dans les Antilles et à la Louisiane; la garnison y fait peu de pertes, et les Européens nouvellement arrivés n'y sont point soumis à des maladies d'acclimatement.

Il suffit en effet aux Européens récemment débarqués, pour se soustraire aux influences fâcheuses de la chaleur humide du climat, d'éviter tout excès, de ne point s'exposer découverts aux rayons du soleil, et de s'éloigner pendant les mois d'août, de septembre et d'octobre, des lieux situés sous le vent des plaines marécageuses. Les défrichements et les dessèchements qui continuent à s'exécuter à la Guyane, et qui vont prendre un nouveau développement par le travail des condamnés, tendent d'ailleurs constamment à assainir le pays, en reculant de plus en plus la limite des forêts et en diminuant l'étendue des terres noyées. Il y a lieu, toutefois, de reconnaître que par l'action énervante de la température la constitution des Européens peut s'épuiser promptement dans ces contrées, et que ceux qui y séjournent longtemps sont exposés à des fièvres ou à des maladies de foie, que le retour en Europe suffit d'ailleurs en général pour dissiper. Cependant il y a des exceptions; le centenaire que M. Malouet a rencontré dans l'Oyapock en est une preuve. Écoutons son récit.

« En visitant la colonie je trouvai, à six lieues du poste d'Oyapock, sur un îlot placé au milieu du fleuve, qui forme là une magnifique cascade, un soldat de Louis XIV qui, blessé à la bataille de Malplaquet, avait obtenu alors les invalides. Lorsque je le vis, ajoute M. Malouet, il avait cent dix ans, et vivait depuis quarante ans dans ce désert. Il était aveugle et nu, assez adroit, très-ridé; la décrépitude était sur sa figure, mais point dans ses mouvements; sa démarche, le son de sa voix étaient d'un homme robuste; une longue barbe blanche le couvrait jusqu'à la ceinture. Deux vieilles négresses composaient sa société, et le nourrissaient des produits de leur pêche et d'un petit jardin qu'elles cultivaient sur les bords du fleuve. C'est tout ce qui lui restait d'une plantation assez considérable et de plusieurs esclaves qui l'avaient successivement abandonné.

« Les gens qui l'accompagnaient l'avaient prévenu de ma visite, qui le rendit très-heureux; car il m'était facile de pourvoir à ce que ce vieillard ne manquât plus de rien et terminât dans une sorte d'aisance sa longue carrière. Il y avait vingt-cinq ans qu'il n'avait mangé de pain ni bu de vin. Il éprouva une sensation délicieuse du bon repas que je lui fis faire. Il me parla de la *perruque noire* de Louis XIV, qu'il appelait *un beau et grand prince ;* de l'air martial du maréchal de Villars, de la contenance modeste de Catinat, de la bonté de Fénelon, à la porte duquel il avait été en sentinelle à Cambrai. Il était venu à Cayenne en 1750; il avait été économe chez les Jésuites, qui étaient alors les seuls propriétaires opulents, et il était lui-même un homme aisé lorsqu'il s'établit à Oyapock.

« Je passai deux heures dans sa cabane, étonné, attendri du spectacle de cette ruine vivante; la pitié, le respect, imposaient à ma curiosité : je n'étais affecté que de cette prolongation des misères de la vie humaine, dans l'abandon, la solitude et la privation de tous les secours de la société. Je voulus le faire transporter au fort; il s'y refusa. Il me dit que le bruit des eaux, dans leur chute, était pour lui une jouissance, et l'abondance de la pêche une ressource; que, puisque je lui assurais une ration de pain, de vin et de viande salée, il n'avait plus rien à désirer.

« Il m'avait reçu d'abord avec de grandes démonstrations de joie; mais lorsque je fus près de le quitter, son visage vénérable se couvrit de larmes. Il me retint par mon habit, et prenant ce ton de dignité qui sied si bien à la vieillesse, s'apercevant, malgré sa cécité, de ma grande émotion, il me dit : « Attendez; » puis il se mit à genoux, pria Dieu, et m'imposant ses mains sur la tête, il me donna sa bénédiction. »

On ne connaît que deux saisons à la Guyane française : la saison des pluies et la sèche.

La saison sèche dure environ cinq mois; elle commence en juin ou juillet, et se prolonge jusqu'en novembre ou décembre : quelquefois la sécheresse est extrême, et souvent il ne tombe pas une goutte de pluie pendant tout le cours de septembre et d'octobre.

La saison pluvieuse dure de sept à huit mois ; elle commence en novembre ou décembre, et se termine ordinairement au mois de juin. Les pluies sont quelquefois interrompues par trois ou quatre semaines de beau temps, qui arrivent en général vers le mois de mars, et que l'on appelle pour cela l'*été de mars* ou la *petite sécheresse.*

Les phénomènes atmosphériques ne causent aucun ravage à la Guyane. On n'y connaît ni tremblements de terre, ni raz-de-marée, ni ces ouragans affreux si redoutables aux Antilles pour les habitants et pour les navigateurs.

HISTOIRE NATURELLE. — Les plus grands quadrupèdes naturels de la Guyane sont : le *jaguar,* dont la fourrure est d'une grande beauté ; le *tapir,* animal de la grosseur d'un mulet, dont la lèvre supérieure est allongée en forme de petite trompe, ce qui l'a fait nommer aussi éléphant américain ; le *tamanoir* ou grand fourmilier ; deux espèces de paresseux, l'*unau* et l'*aï;* six espèces de singes, etc., etc. — Les animaux domestiques importés d'Europe ont presque tous dégénéré.

Les perroquets, les perruches et les aras sont assez communs pour être considérés comme gibier. On compte à la Guyane une quinzaine d'espèces de *colibris* ou oiseaux-mouches. Le *toucan* est un oiseau remarquable qui a le bec gros comme le reste du corps.

Les côtes sont très-poissonneuses, et on y trouve une variété infinie de poissons de toutes espèces. Parmi les poissons de grande dimension on remarque le *marteau,* le *requin,* l'*espadon* et le *machoiran.* — Parmi les *raies,* qui sont nombreuses et des grandes espèces, on en remarque une que ses énormes dimensions et deux cornes dont elle est armée ont fait surnommer la *raie-diable*. Il y a des raies-diables qui pèsent jusqu'à 5,000 kilogrammes ; ce poisson monstrueux est un des ennemis acharnés de la baleine. On pêche du côté de Sinnamari de grandes tortues de mer du poids de 125 à 150 kilogrammes, dont la chair est excellente. Les palétuviers baignés par les eaux de la mer présentent une grande quantité de petites huîtres attachées à leurs branches. Les *crabes* et différentes espèces de crustacés sont nombreux sur divers points.

Les rivières ne sont pas moins poissonneuses que les côtes de l'Océan, mais elles sont infestées de *caïmans*, nom que l'on donne à une espèce de crocodile particulière à l'Amérique.

On distingue parmi les reptiles le *serpent à sonnettes*, qui vit dans les quartiers reculés des hautes terres, et un énorme serpent assez grand pour dévorer de jeunes faons, et que les habitants nomment *couleuvre*. Ce serpent atteint quelquefois une longueur de 10 à 12 mètres.

## VILLES, BOURGS, QUARTIERS, ETC.

La Guyane française se divise en quatorze communes ou quartiers, formant deux cantons, le canton de Cayenne et celui de Sinnamari. Le premier, ayant une population de 19,000 âmes, est composé des quartiers dont les noms suivent : Ville de Cayenne, île de Cayenne, Tour-de-l'Ile, Tonnegrande, Mont-Sinéry, Macouria, Oyapock, Approuague, Kaw et Roura.

Le canton de Sinnamari, dont la population est d'environ 5,000 individus, compte cinq communes, qui sont : Kourou, Sinnamari, Iracoubo et Mana.

CAYENNE, chef-lieu administratif et politique de la Guyane française, est située à l'extrémité N.-O. de l'île du même nom, à l'embouchure du Cay ou de la Cayenne, fleuve large en cet endroit de 10 kilomètres; population, 5,500 habitants. Elle se partage en *ville vieille* et *ville neuve*. La première, la moins étendue, renferme l'hôtel du gouvernement, l'ancien collége des Jésuites et le fort Louis, où sont les casernes, et qui, avec plusieurs batteries basses, défend l'entrée du port. La seconde se distingue par la construction généralement meilleure de ses maisons, et on y remarque une belle église; les rues en sont larges, propres, tirées au cordeau et se coupant à angles droits. Une belle place d'armes, plantée d'énormes orangers, sépare les deux parties de la ville.

Cayenne est le centre du commerce de toute la colonie. Sa position à l'entrée d'un fleuve est heureuse; son port est excellent et pourrait contenir un grand nombre de vaisseaux, mais il a peu de profondeur, et n'admet que les bâtiments du commerce. — Il existe près de Cayenne un jardin botanique et de naturalisation.

Comme le commerce de Cayenne comprend celui de toute la colonie, nous pouvons le résumer en peu de mots. Les exportations pour la France consistent en produits du pays, tels que épices, rhum, poivre, coton, laine, peaux apprêtées, bois d'ébénisterie et de teinture, etc. Les transactions en café ont depuis longtemps singulièrement diminué; mais en revanche les demandes de sucre, de bois de teinture, de cacao et de coton ont toujours été dans une progression marquée. Les exportations de France à la Guyane par Cayenne ont pris dans ces dernières années une grande extension, notamment en ce qui est des vivres, des farines, des poissons secs et du fer ouvré.

Dans l'usage ordinaire on comprend souvent sous la dénomination de Cayenne la Guyane française tout entière.

*Approuague*, sur la rivière de ce nom, à 80 kilomètres S.-E. de Cayenne, est une des principales bourgades de la colonie. Elle a été bâtie sur l'emplacement d'un ancien village indien, qui était le chef-lieu de la nation assez nombreuse des *Approuagues*, ennemis des Caraïbes, et qui a été presque entièrement détruite dans ses guerres avec ces peuples féroces. — Population, 2,000 habitants.

*Oyapock*. — Ce bourg, situé sur la rivière de ce nom, à 16 kilomètres de son embouchure, et à 124 kilomètres S.-E. de Cayenne, renferme des maisons bien construites, des magasins et une église. — L'embouchure de l'Oyapock forme une baie abritée qui offre un abri à plusieurs centaines de bâtiments; c'est là que les navires qui tirent plus de 3 à 4 mètres d'eau doivent attendre l'époque des grandes marées pour aller à Cayenne. — Population, 700 habitants.

*Kourou*. — Ce bourg, à 52 kilomètres N.-O. de Cayenne, fut construit en 1665. Ses rues sont tirées au cordeau et aboutissent à une place centrale. On y trouve une église et quelques maisons bien bâties. Il est situé à 4 kilomètres de l'embouchure de la rivière qui porte son nom. — Population, 900 habitants.

*Sinnamari*. — Quoique chef-lieu de canton, ce bourg est peu important. Il doit sa célébrité au triste honneur qu'il a eu de servir de lieu de déportation pour les proscrits du 18 fructidor. Il est situé à 108 kilomètres de Cayenne. — Population, 1,000 habitants.

INDIENS. — Il existe sur le territoire de la Guyane française quelques tribus d'Indiens aborigènes, qui forment une portion tout à fait distincte et séparée de la population coloniale. Ils reconnaissent les Français comme possesseurs de la contrée; mais ils vivent d'ailleurs dans une complète indépendance du gouvernement local. Leurs mœurs sont paisibles; ils subsistent de chasse et de pêche, et n'ont pas en général de résidence fixe. Les principales tribus auxquelles ils appartiennent sont celles des *Approuagues*, des *Galibis*, des *Emérillons*, des *Oyampis*, etc. On évalue environ à 700 le nombre des Indiens répandus autour de nos établissements.

Quant aux peuplades ou tribus retirées aux extrémités du territoire de la colonie, ou vivant dans les contrées non encore explorées de l'intérieur, comme elles n'entretiennent pas de relations avec les Européens, on n'a pas une idée exacte de leur importance.

*Commerce.* — Le mouvement général du commerce de la Guyane avec la France était, avant 1850, d'environ 6,000,000 de francs, dont un peu plus de moitié en importations de la Guyane en France. — L'établissement de la colonie pénitentiaire va probablement modifier bientôt ces chiffres d'une manière remarquable; mais nous manquons jusqu'ici de documents à cet égard.

# CHAPITRE VIII

### ILES SAINT-PIERRE ET MIQUELON

Histoire. — Premiers établissements des Français dans le nord de l'Amérique. — Saint-Pierre et Miquelon, seuls restes de nos possessions dans ces contrées. — Leur importance pour la pêche de la morue. — Commerce avec la métropole. — Topographie. — Population. — Bourgs de Saint-Pierre et de Miquelon. — Mœurs des Canadiens d'origine française.

*Histoire.* — On ne sait point d'une manière positive si ce furent des navigateurs français ou des

5

navigateurs anglais qui, les premiers, découvrirent et fréquentèrent les côtes orientales de l'Amérique du Nord ; mais ce qui est constant, c'est que les Français furent les premiers à former des établissements permanents dans cette partie du Nouveau-Monde. Quelques écrivains ont prétendu que dès le milieu du xive siècle, avant la découverte des Antilles par Colomb, l'Amérique septentrionale était fréquentée par les Basques, qui, dans l'intérêt de leur pêche, tenaient cette découverte secrète. Ce qui paraît certain, c'est que vers 1504, Terre-Neuve et les terres du continent voisin (le Canada et l'Acadie) ont été fréquentées par les Basques français et par les marins bretons qui se livraient à la pêche de la baleine. Quand Jacques Cartier, en 1535, prit possession au nom de la France du Canada et de l'île de Terre-Neuve, la plupart des baies et des côtes de ces contrées portaient déjà des noms français et basques, ce qui semblerait démontrer la réalité des découvertes faites précédemment par les Basques et les Bretons.

La France a longtemps possédé le Canada, où elle avait fondé une magnifique colonie, dont la perte excite encore nos regrets ; elle a eu des établissements fixes à Terre-Neuve, tant à la baie de Plaisance que dans la partie de l'est et du nord. L'établissement de Plaisance était même devenu une ville et le centre de nos possessions sur ce point. Sa position favorable sur la côte du sud, et une température plus douce que celle des autres parties de l'île, y avaient attiré des habitants, dont le nombre, au commencement du xviiie siècle, s'élevait à près de 3,000.

Le traité d'Utrecht (11 avril 1713) ravit à la France et fit passer entre les mains des Anglais la possession de l'Acadie (Nouvelle-Écosse) et la propriété entière

de l'île de Terre-Neuve; la France se réserva seulement le droit de pêche sur le grand banc qui dépend
de cette île, et, pour les sécheries et les établissements temporaires des pêcheries, une certaine étendue
de côtes. Le même traité garantissait à la France la
propriété de l'île du Cap-Breton et de toutes les
autres îles situées dans le golfe Saint-Laurent et à
l'embouchure de ce fleuve. L'île du Cap-Breton, qui
prit dès lors le nom d'île Royale, et toutes les autres
îles prospérèrent rapidement, grâce aux produits
toujours croissants de la pêche de la morue, et aux
encouragements du gouvernement, qui reconnaissait
les avantages d'une industrie dont l'exercice procurait
aux peuples de la métropole et des colonies des Antilles
une subsistance abondante et peu coûteuse, et favo-
risait un genre de navigation très-propre à former de
bons matelots. Mais le traité de Paris de 1763, ayant
fait passer au pouvoir de l'Angleterre, déjà maîtresse
de l'Acadie, les possessions françaises du Canada,
l'île Royale et toutes les autres îles et côtes situées
dans le golfe et le fleuve Saint-Laurent, ne laissa
à la France que les petites îles de *Saint-Pierre* et
*Miquelon,* pour servir d'asile à ses pêcheurs, avec la
condition expresse de ne point les fortifier. Les droits
de pêche et de sécherie reconnus aux Français par le
traité d'Utrecht furent d'ailleurs confirmés; et, de
plus, le traité de 1763 concéda à nos pêcheurs la
faculté de pêcher dans le golfe Saint-Laurent, à
12 kilomètres des côtes anglaises, et hors du golfe,
dans le voisinage du Cap-Breton, à la distance de
60 kilomètres.

Ces débris, quelque faibles qu'ils fussent, étaient
encore d'un grand intérêt pour la France. La partie
des côtes de Terre-Neuve où nos navires avaient le
droit d'aborder comprenait plus de quarante havres
susceptibles de contenir plus de 2,600 bateaux ou

chaloupes; la pêche sur ces côtes pouvait produire annuellement près de 15,000,000 de kilogrammes de morue, et les îles Saint-Pierre et Miquelon, en offrant un lieu de relâche aux bâtiments du commerce et de la marine royale, formaient un point d'appui précieux pour nos pêcheurs. Les expéditions françaises pour la pêche recommencèrent; elles furent encouragées de nouveau par le gouvernement. De 1764 à 1767, des établissements de pêche furent fondés à Saint-Pierre et à Miquelon, et la pêche de la morue occupa chaque année dans ces parages 220 bâtiments français, jaugeant ensemble 24,000 tonneaux, et employa 8,000 marins et pêcheurs.

Pendant la guerre de l'indépendance de l'Amérique, les Anglais s'emparèrent, en 1778, des îles Saint-Pierre et Miquelon, dont ils détruisirent les constructions de fond en comble, et dont ils forcèrent les habitants, au nombre de 12 à 1300, à se réfugier en France. Le traité de Versailles de 1785 rendit ces deux îles à la France, *en toute propriété,* sous la condition restrictive et humiliante du traité de 1763, qui défendait d'y établir des fortifications et des postes militaires. Bientôt leur activité répara leurs pertes, et dans les années qui précédèrent les guerres de la révolution, les produits de la pêche sédentaire de Saint-Pierre et de Miquelon s'élevèrent annuellement à une valeur de 2,500,000 francs. Les deux tiers de ces produits étaient exportés pour la France et les États méridionaux de l'Europe, l'autre tiers pour les colonies françaises.

La guerre de 1792 vint de nouveau détruire cette branche d'industrie, si importante pour les Français, soit comme école de navigation, soit comme source d'aliment et de commerce. En 1793, les Anglais s'emparèrent de Saint-Pierre et de Miquelon, et en transportèrent les habitants en France.

Enfin, le traité de Paris du 30 mai 1814 a restitué à la France ses pêcheries d'Amérique, et a stipulé, quant aux droits de pêche des Français sur le grand banc de Terre-Neuve, sur les côtes de l'île de ce nom et des îles adjacentes, et dans le golfe Saint-Laurent, que tout serait remis sur le même pied qu'en 1792.

La rétrocession des deux îles eut lieu le 22 juin 1816. Dès lors les expéditions de pêche, encouragées par le gouvernement, ne tardèrent pas à reprendre leur ancienne activité, et depuis ce temps, grâce au renouvellement et à la continuation des encouragements accordés par la métropole, ces expéditions se sont progressivement accrues.

En 1838, la pêche des îles Saint-Pierre et Miquelon (c'est-à-dire celle dont les produits ont été exclusivement préparés et séchés sur les grèves des deux îles) a occcupé 60 navires jaugeant 8,625 tonneaux, 367 embarcations, et environ 2,000 matelots et pêcheurs; ses produits se sont élevés à 6,957,500 kilogrammes de morue sèche, à 597,611 morues vertes, et à 417 barriques d'huile; et le mouvement commercial auquel cette pêche a donné lieu a été de 5,081,895 francs, dont 1,916,877 francs pour les importations dans la colonie, et 3,165,018 francs pour les exportations de la colonie. — La même année, la *grande pêche* (celle qui se fait sur le grand banc de Terre-Neuve par des navires français) et la pêche de Saint-Pierre et de Miquelon réunies, ont employé 477 navires français, jaugeant 58,000 tonneaux, et montés par 11,561 hommes d'équipage; ses produits, rapportés en France, ont été de 14,124,923 kilogrammes de morue sèche, de 22,082,355 kilogrammes de morue verte, et de 1,745,271 kilogrammes d'huile de morue; et le mouvement commercial qui en est résulté a atteint la valeur de 17,903,677 francs, dont 12,224,400 francs pour les importations en France, et 5,679,277 francs pour les exportations de France.

Il résulte de ce qui précède que, malgré leur peu d'étendue, les îles Saint-Pierre et Miquelon sont très-précieuses pour la France, parce que, dans les mers où elles sont situées, ces îles sont le seul point où nous possédions un établissement permanent qui puisse à la fois servir d'abri à une partie des navires que son commerce y envoie chaque année, de lieu de préparation pour les produits de leur pêche, et en quelque sorte d'entrepôt pour l'expédition directe d'une partie de ces produits dans les colonies françaises, où un débouché important leur est assuré.

TOPOGRAPHIE. — *Population.* — L'île Saint-Pierre et les deux îles Miquelon (la *grande* et la *petite*) forment un groupe situé au sud de Terre-Neuve, à l'embouchure du golfe Saint-Laurent, par le 47° latitude nord, et entre le 58° et 59° de longitude ouest du méridien de Paris. Elles sont plates et peu boisées. Le climat, pareil à celui de l'île de Terre-Neuve, est très-sain. — Les côtes des îles Saint-Pierre et Miquelon sont généralement basses, plates et propres à établir des sécheries ; elles appartiennent au gouvernement, qui en fait concession aux pêcheurs moyennant certaines conditions. Ces îles ont été peuplées en grande partie par les colons français chassés de l'Acadie en 1755. — Leur population totale ne s'élève guère qu'à 1,500 habitants, dont 1,000 habitants sédentaires, et 500 pêcheurs hivernant, sans compter, pendant la saison de la pêche, une population flottante de 3 à 4,000 individus.

Le bourg de Saint-Pierre, situé dans l'île de ce nom, est le chef-lieu du gouvernement. Dans cette petite bourgade tout annonce l'activité et l'industrie. On y trouve des bâtiments publics passables, plusieurs maisons assez bien bâties quoique petites, des magasins vastes, commodes, impénétrables à l'humidité.

Le bourg de Miquelon, situé dans la Grande-Miquelon, n'offre rien de remarquable. Ses habitants sont actifs et industrieux, pêcheurs habiles, hardis matelots. Ils possèdent quarante à cinquante goëlettes pontées, et deux cent cinquante à trois cents embarcations, avec lesquelles ils vont pêcher à l'embouchure du fleuve Saint-Laurent et à la côte ouest de Terre-Neuve ; chacune des goëlettes fait trois voyages par saison, et rapporte environ 2,500 kilogrammes de morue.

Nous ne quitterons pas ces parages sans jeter un coup d'œil sur la belle colonie que nous possédions autrefois sur ce fleuve Saint-Laurent, dans l'embouchure duquel nous n'avons plus aujourd'hui qu'un bien modeste pied-à-terre. Une partie des habitants de cette contrée, quoique depuis près d'un siècle elle soit séparée de nous, ont conservé notre langue, nos usages, et ils entretiennent autant que possible des relations avec la France, qu'ils regardent toujours comme leur mère patrie. Voici en quels termes s'exprime à leur égard un voyageur moderne :

« Dans le bas Canada les 8/9 des habitants sont Français d'origine. Les premiers colons de cette nation paraissent être venus de la Normandie. Contents de peu, attachés à leur religion, à leurs usages, soumis au gouvernement qui respecte leur liberté, ils possèdent, à côté de beaucoup d'indolence, un fonds naturel de talents et de courage qui n'aurait besoin que d'être cultivé par l'instruction ; ils se livrent avec ardeur aux travaux les plus rudes ; ils entreprennent pour un gain modique les voyages les plus fatigants. Ils fabriquent eux-mêmes les étoffes de laine et de lin dont ils s'habillent à la campagne ; ils tissent ou tricotent leurs bonnets et leurs bas, tressent leurs chapeaux de paille, et tannent les peaux destinées à leur fournir des *mocassins* ou de grosses bottes ; enfin, leur savon, leurs chandelles et leur sucre, ainsi que leurs charrues et leurs canots, sont les produits de leurs mains....

« Une politesse noble et aisée règne dans leur conversation ; ils se présentent avec un air qui les ferait prendre pour les habitants d'une grande ville plutôt que pour ceux d'une contrée demi-sauvage. Ils montrent de la déférence envers leurs supérieurs, et jamais de la rudesse envers leurs inférieurs. La plus parfaite harmonie règne entre eux : souvent les enfants de la troisième génération demeurent dans la maison paternelle. Ils ont l'habitude de partager, autant que possible, les biens-fonds, afin de ne pas se séparer, preuve de la bonne intelligence dont les familles sont animées. Ils se marient jeunes, et se voient de bonne heure entourés de nombreux descendants ; aussi, hors des villes, les mœurs sont pures et les ménages heureux.

« La *vieille* gaieté française conserve ici son empire, quoique le climat, en rendant nécessaire l'usage des poëles et des fourrures, donne aux Canadiens l'apparence des Russes. Les plaisirs y ont le caractère simple et un peu grossier qu'ils avaient en France avant le raffinement introduit sous Louis XIV ; les parents et les amis s'assemblent tous les jours autour d'une table chargée de mets solides ; à côté d'un énorme quartier de bœuf ou de mouton, on voit de vastes terrines remplies de soupe ou de lait caillé. Immédiatement après un dîner qu'anime une gaieté franche et bruyante, les violons se font entendre ; tout le monde se livre à la danse, les menuets et les *gigues* se succèdent sans interruption.

« Les Canadiens des villes suivent avec une scrupuleuse exactitude les modes, dont ils reçoivent les modèles de Paris. Les femmes du Canada sont remar-

quables par leurs grâces et leur brillante santé. Par
l'éclat de leur teint, la régularité de leurs traits et
la beauté de leur taille, elles ressemblent aux Cau-
choises. Bonnes épouses, mères tendres, ménagères
soigneuses, elles font la félicité de leur famille...

« Les arts d'agrément ne sont point négligés dans
l'éducation des jeunes personnes de bonne famille;
le dessin forme une partie importante de l'instruction qu'elles reçoivent; la musique compte des élèves
jusque dans les fermes et les villages. Les salons
de Québec et de Montréal retentissent souvent des
airs mélodieux de Rossini, d'Auber, d'Hérold et de
Boïeldieu. Enfin, dans la classe inférieure, d'anciennes chansons normandes sont répétées en chœur
par une jeunesse joyeuse. »

# CHAPITRE IX

Histoire. — L'île Bourbon fut découverte en 1545 par des navigateurs portugais, qui la nommèrent *Mascarenhas*, du nom de leur chef. Ils la trouvèrent déserte et n'y formèrent aucun établissement.

M. de Pronis, agent de la compagnie française des Indes orientales à Madagascar, prit possession de cette île en 1642, au nom du roi de France.

En 1649, M. de Flacourt, son successeur, prit de nouveau solennellement possession de l'île au nom du roi, et changea le nom de *Mascareigne*, qu'elle portait alors, en celui de *Bourbon*.

Pendant assez longtemps l'île ne fut fréquentée

que par des flibustiers de la mer des Indes. Mais en
1664, Louis XIV ayant cédé Madagascar *et ses dépendances* à la compagnie des Indes orientales, cette
compagnie envoya dès l'année suivante à Bourbon
vingt ouvriers français, sous les ordres d'un chef
nommé Régnault. Le bien-être et la salubrité qu'y
trouvèrent ces nouveaux colons attirèrent et fixèrent
sur le territoire de l'île plusieurs matelots des bâtiments qui y relâchaient, et même quelques flibustiers.
Ce commencement de colonisation détermina le gouvernement à envoyer de France des orphelines pour
être mariées aux habitants. Un petit nombre de Français de Madagascar échappés au massacre du fort
Dauphin, vint encore, en 1673, accroître la population
de l'île. Enfin, en 1688, les projets de colonisation
de divers Européens y furent favorisés par la concession de vastes terrains. Les noms de ces colons, auxquels on peut reporter en majeure partie l'origine de
la population actuelle, sont : Auber, Panon, Hibon,
Goneau, Ricquebourg, Molet et Roulof. L'île Bourbon
devint alors une des échelles de l'Inde, et les navires
allant à Madagascar eurent l'ordre d'y toucher.

La compagnie des Indes, à qui la cession expresse
de la propriété de l'île Bourbon avait été faite en 1671
par le gouvernement français, ne parut mettre quelque
intérêt à cette possession que vers 1740, lorsqu'elle
eut renoncé tout à fait à ses projets sur Madagascar.

Jusque-là, la compagnie s'était bornée à tenir à
Bourbon, pour la forme, un petit nombre d'agents;
mais elle s'occupa dès lors d'y établir une administration régulière. Un gouverneur nommé par le roi
fut chargé de l'administration supérieure. On institua
pour l'assister un conseil composé de principaux
employés. Les mêmes employés étaient membres du
conseil provincial, seul tribunal existant dans l'île.
Ce tribunal, créé en 1711, était soumis pour les appels

au conseil souverain de Pondichéry, chef-lieu des établissements appartenant à la compagnie des Indes. L'île fut en outre divisée en sept paroisses, et l'on plaça dans chacune d'elles un curé et un employé de la compagnie.

La culture du tabac fut la première et pendant quelque temps la seule à laquelle s'adonnèrent les habitants. La découverte de quelques caféiers sauvages donna l'idée de tirer d'Arabie plusieurs pieds de cet arbuste ; leur introduction dans la colonie eut lieu en 1717. Ce nouveau genre de culture prit bientôt une extension rapide. La population s'élevait alors environ à 2,000 individus, dont 900 blancs, et 1,100 esclaves noirs provenant des côtes d'Afrique et de Madagascar.

La colonie commençait à devenir une possession intéressante pour la compagnie ; malheureusement elle n'avait point de port. Cet inconvénient fixa l'attention spéciale du gouvernement sur l'Ile-de-France, qui en possédait un excellent, où dès 1712 s'était fixée une petite colonie de Français composée de créoles et de soldats volontaires venant pour la plupart de Bourbon. L'Ile-de-France avait jusque alors été successivement habitée et abandonnée par les Portugais, qui l'avaient découverte, et par les Hollandais, qui l'avaient occupée de 1640 à 1712, sous le nom d'*île Maurice*.

Les progrès de la nouvelle colonie furent tels, que dès 1735 elle devint le siége du gouvernement des deux îles.

Le café apporté de l'Yémen à Bourbon ne tarda pas à devenir pour cette île une branche d'exportation. Néanmoins la culture du tabac, celle des grains nourriciers et l'éducation des bestiaux restèrent pendant longtemps encore le principal objet des travaux des colons. Cependant l'accroissement successif de la population développa peu à peu l'industrie agricole.

La compagnie, qui s'était réservé le privilége de fournir à la colonie toutes les marchandises du dehors
et de lui acheter tous les produits du sol, recevait
ces produits à des prix qu'elle fixait elle-même, et
donnait, en échange, des marchandises dont elle réglait
également le prix, ou un papier-monnaie que l'on
échangeait à la caisse contre des récépissés rembour-
sables en France. Alors les îles de France et de Bourbon avaient chacune en quelque sorte leur destination
distincte : la première, favorisée de deux ports, était
le comptoir de commerce; la seconde, n'ayant que
des rades peu sûres, était le lieu de production. Les
colons de l'île Bourbon venaient déposer dans de
vastes magasins, bâtis sur le littoral de l'île, leurs
cafés, leurs tabacs, etc.; et ces denrées, transportées
à l'Ile-de-France, étaient de là expédiées en Europe.

Ces îles prospérèrent sous l'administration du
célèbre Labourdonnais; mais après la retraite de ce
grand homme elles tombèrent dans un anéantisse-
ment presque total; le commerce, l'agriculture et
les fortifications, tout y fut également négligé. La
compagnie, qui pressentait sa ruine, rétrocéda en
1764 ses droits au roi sur les deux îles de France
et de Bourbon. Vers cette époque, le nombre d'hectares de terres en culture était à Bourbon d'environ
42,000, et la population s'élevait à 25,576 individus,
dont 5,197 blancs et 20,379 esclaves.

Les deux îles eurent le bonheur de trouver un grand
administrateur pour rétablir leur prospérité : ce fut
l'illustre Poivre, qui organisa complétement toutes
les branches de service, et parvint en peu de temps
à rétablir le commerce et l'agriculture. Il introduisit
ou propagea à Bourbon beaucoup de végétaux précieux, tels que le giroflier, le muscadier, le poivrier,
le cannellier, le riz sec, le bois noir, etc.

Délivrée du monopole de la compagnie, et appelée

à profiter désormais de toutes les chances avantageuses du commerce, la colonie de Bourbon prospéra
rapidement. La population de l'île continua de s'accroître. En 1789, elle se composait de plus de 80,000
individus, dont 20,000 blancs, 12,000 affranchis et
40,000 esclaves. La population avait donc plus que
doublé dans un espace de vingt-trois ans. Les produits
de la culture s'étaient augmentés dans une proportion
analogue. Indépendamment des grains nourriciers,
qui excédaient de beaucoup chaque année les besoins
de la consommation, Bourbon récoltait, en 1789,
environ 40,000 balles de café (2,000,000 de kilogrammes), 50,000 kilogrammes de coton, et fournissait tous les blés nécessaires à l'approvisionnement
de l'Ile-de-France et aux besoins de la navigation.

Les créoles de l'île Bourbon fournirent un bataillon
de volontaires dans la glorieuse campagne de l'Inde,
sous le bailli de Suffren.

Par suite des décrets de l'Assemblée constituante
des 2 et 28 mai 1790, une *Assemblée coloniale* fut
formée dans la colonie. Elle s'empara promptement
de tous les pouvoirs, et gouverna l'île pendant tout
le temps de la tourmente révolutionnaire. L'Assemblée coloniale reçut en séance les ambassadeurs de
Tippo-Saëb; elle lui envoya des secours, et entre
autres un agent qui aida ce prince dans sa défense
contre les Anglais. La garnison, que la métropole
avait cessé d'alimenter, était réduite pendant cette
période à 150 hommes environ.

Il est à remarquer que, malgré les troubles qui
éclatèrent sous le gouvernement de l'Assemblée coloniale, la colonie ne cessa pas de prospérer; sept à
huit années s'écoulèrent sans qu'il y eût d'ouragans,
et la culture des denrées coloniales s'en ressentit
avantageusement. L'île Bourbon, ou plutôt de *la
Réunion,* comme l'avait nommée le gouvernement

républicain, s'enrichit d'ailleurs, tant par les prises de ses corsaires que par l'admission des navires étrangers dans ses rades.

En 1801, la population de l'île de la Réunion s'élevait à 80,000 âmes, dont 16,000 blancs et affranchis, et 64,000 esclaves. La même année, la culture du caféier ne rendit pas moins de 70,000 balles de café, pesant 3,500,000 kilogrammes.

La paix d'Amiens permit au gouvernement de reprendre son autorité sur les îles de France et de la Réunion, qui prit alors le nom d'île *Bonaparte*. Le général Decaen fut nommé capitaine général des établissements français au delà du cap de Bonne-Espérance ; il arriva à l'Ile-de-France le 25 septembre 1803. Un commandant particulier et un sous-préfet colonial furent établis à Bourbon (1), et l'Assemblée coloniale cessa ses fonctions.

Sous cette nouvelle administration, la colonie s'éleva à un degré de prospérité auquel elle n'était point encore parvenue. L'abondance des récoltes, l'affluence des bâtiments neutres et des prises jetèrent dans le pays une quantité considérable de marchandises et de numéraire. Bourbon se maintint dans cette situation favorable jusqu'en 1806 ; mais cette année et l'année suivante les récoltes manquèrent. Bientôt, par suite de la guerre maritime, les croisières ennemies se multiplièrent, et toute communication au dehors fut interceptée, même avec l'Ile-de-France. Dans cette situation, Bourbon éprouvait des besoins et des privations de toute espèce, lorsque des forces anglaises au nombre de 4,000 hommes y opérèrent deux débarquements le 8 juillet 1810, l'un au vent,

(1) Nous continuerons à lui donner ce nom, qui lui a été rendu en 1814, et qu'elle a porté jusqu'en 1848, où le gouvernement républicain lui donna de nouveau le nom d'île de la Réunion. Le gouvernement actuel n'a rien décidé à cet égard, de sorte qu'on l'appelle aujourd'hui indifféremment île Bourbon ou de la Réunion.

l'autre sous le vent de l'île Saint-Denis. La garnison de la colonie ne se composait que de quelques centaines d'hommes. Ce petit nombre de soldats, réuni à 1,200 hommes de la garde nationale de l'île, opposa une vive résistance aux Anglais ; mais ceux-ci, grâce à la supériorité du nombre, réussirent à s'emparer des principales positions ; et, le 9 juillet, le gouverneur de Bourbon, le colonel de Sainte-Suzanne, obtint une capitulation honorable.

Le 3 décembre suivant, l'Ile-de-France tomba à son tour au pouvoir des Anglais, qui lui rendirent alors son ancien nom d'île *Maurice,* qu'elle porte aujourd'hui. Si le brave général Decaen avait eu 1,500 hommes de plus dans les deux îles, les Anglais ne s'en seraient pas emparés.

En exécution du traité de Paris, l'île Bourbon a été rendue à la France le 2 avril 1815. Mais le même traité céda l'Ile-de-France à l'Angleterre, au grand regret des habitants de cette dernière colonie, qui sont toujours restés Français par le cœur, le langage et les mœurs. Plusieurs habitants de l'Ile-de-France émigrèrent même à Bourbon, ou vinrent se fixer en France. Malgré la tolérance du gouvernement anglais à leur égard, ceux qui sont restés dans l'île conservent toujours un vif attachement pour leur ancienne mère patrie, et ils accueillent comme des frères les Français qui ont occasion d'aborder dans leur île.

Lors de la reprise de possession de l'île Bourbon, la totalité des terres cultivées s'y élevait de 45 à 50,000 hectares ; ces terres étaient plantées en céréales, en vivres du pays, en caféiers, en girofliers et en cacaoyers. La canne à sucre n'était point encore cultivée dans la colonie.

De 1815 à 1822, la situation agricole du pays changea peu : seulement, quelques plantations de cannes à sucre eurent lieu dans les premières années de la reprise de possession. Mais à partir de 1822, et surtout de 1826, l'agriculture et le commerce firent des progrès considérables. La culture de la canne à sucre notamment prit un très-grand développement, et c'est aujourd'hui le principal produit agricole de la colonie. En 1856, le total des terres cultivées s'élevait à plus de 65,000 hectares, dont 14,530 en cannes à sucre, 31,000 en céréales et autres grains nourriciers, et le reste en vivres du pays, en caféiers et en cacaoyers. Le mouvement du commerce avec la France, qui n'avait été en 1818 que d'un peu plus de 8,000,000, était en 1856 de près de 24,000,000 de francs, présentant ainsi une augmentation de près de 16,000,000 de francs. Il est resté à peu près le même depuis cette époque.

Topographie. — L'île Bourbon est située dans l'Océan, sous le 21° de latitude sud, et le 55° de longitude est du méridien de Paris; elle est à 140 kilomètres de l'île Maurice (autrefois Ile-de-France), à 560 kilomètres de Madagascar, à 1,200 kilomètres de la côte orientale d'Afrique, à 4,080 kilomètres de Pondichéry, et environ à 15,000 kilomètres des côtes de France. La traversée des côtes de France à Bourbon dure communément de quatre-vingt-dix à cent jours.

La plus grande longueur de l'île, du nord au sud, est d'environ 62 kilomètres (14 lieues de 25 au degré); sa plus grande largeur, de 40 à 44 kilomètres, et sa circonférence, en suivant la route de ceinture qui longe les bords de la mer, d'environ 213 kilomètres. Sa superficie est d'environ 231,550 hectares.

*Aspect du pays, montagnes, rivières, sol, etc.* — L'île est de forme elliptique. Elle s'allonge du N.-O. au S.-E., et paraît s'exhausser autour de deux centres principaux, que marquent d'une part le *Piton-des-Neiges*, de l'autre le *Piton-de-Fournaise*. La nature du sol et la disposition des laves dont il est formé attestent que l'île entière est le produit des éruptions de deux foyers occupant les deux points que l'on vient de signaler, mais dont le plus considérable, le Piton-des-Neiges, est dès longtemps éteint, tandis que l'autre, le Piton-de-Fournaise, brûle encore.

L'île Bourbon est traversée dans son centre par une chaîne de montagnes escarpées, qui court dans toute sa longueur du nord au sud. L'île se trouve ainsi partagée en deux divisions naturelles, différant entre elles par le climat, et jusqu'à un certain point par la nature et la qualité des productions. Les vents qui règnent le plus habituellement à Bourbon soufflant de l'est au sud, une moitié de l'île se trouve exposée à des vents réguliers, tandis que l'autre moitié en est abritée par la chaîne centrale des montagnes. De là la division de la colonie en deux parties, dénommées, l'une la partie orientale, *partie du Vent,* l'autre la partie occidentale, *partie sous le Vent.*

La partie du S.-E. de l'île renferme encore un volcan en activité. Cette partie, souvent couverte par des éruptions considérables, porte le nom de *Grand-Pays-Brûlé.* Là, sur plusieurs kilomètres d'étendue, la terre n'offre aucun signe de végétation; on n'y voit que les débris d'une immense fournaise. — Les navires qui cherchent l'île Bourbon, et qui ont la précaution de se mettre au vent de l'île, peuvent en apercevoir les montagnes à une distance de 40 à 48 kilomètres. Quand le volcan jette des flammes, ou seulement même une lueur blanchâtre, il devient un point important de reconnaissance. Ce volcan, nommé Piton-de-Fournaise, n'est pas le plus élevé de l'île; il n'a que 2,200 mètres au-dessus du niveau de la mer, tandis que le Piton-des-Trois-Salazes s'élève à 2,400 mètres, le Grand-Bénard à 2,970, et le Piton-des-Neiges à 3,150 mètres.

Le Piton-des-Neiges est le point culminant de l'île Bourbon. La partie de l'île que domine ce volcan éteint est la plus fertile ; c'est celle sur laquelle se sont principalement développées la culture et l'industrie agricole ; c'est aussi dans cette partie qu'est située la ville de Saint-Denis, chef-lieu de l'île Bourbon et siége du gouvernement local.

A l'époque de la première occupation de l'île par les Français, en 1642, les forêts descendaient des hauteurs jusqu'au bord de la mer. Les défrichements successivement exécutés pour les besoins de la culture ont déboisé toute la zone inférieure des montagnes ; mais le centre de l'île est encore couvert de sa végétation primitive. L'étendue de ces forêts est évaluée à un peu plus du quart de la superficie totale de l'île. Les essences les plus communes sont : le *bois de natte*, le *takamaaka*, le *tan*, le *bois blanc*, le *palmiste*, le *bois de pomme*, le *bois d'écorce blanche*, le *bois de nèfle* et le *bois de goyave*. On compte dans la colonie quarante-une espèces de bois propres aux constructions et aux arts.

L'île est arrosée par un grand nombre de cours d'eau. On y compte dix-sept rivières, dont les principales sont celles de *Saint-Denis*, des *Pluies*, de *Sainte-Suzanne* et du *Mât*. Cette dernière a un développement en longueur de 40 kilomètres, sur une largeur moyenne de 20 mètres, et une profondeur commune d'un mètre. Les rivières de l'île Bourbon ne sont ni larges, ni profondes, et leur pente est en général si rapide, que la plupart ne sont que des torrents. Aucune de ces rivières n'est navigable. La rivière de Sainte-Suzanne seule peut être parcourue en bateau sur une étendue d'un kilomètre. Les eaux de tous les ruisseaux et rivières de l'île sont excellentes et fort salubres.

Le sol de Bourbon est très-fertile, particulièrement dans le voisinage du littoral. La plupart des terres cultivées forment, sur les flancs des montagnes, des terrasses étagées par degrés insensibles.

Sur plusieurs points de la circonférence de l'île, on trouve, au pied des escarpements, des alluvions considérables formées de pierres et de cendres volcaniques recouvertes d'un humus fertile. Ces terres, peu élevées au-dessus du niveau de la mer, se sont avec le temps augmentées et améliorées à un haut degré; leur pente s'est adoucie et a fini par former des plaines étendues, propres aux cultures les plus productives.

MÉTÉOROLOGIE. — *Température , climat , saisons, ouragans , raz-de-marée*, etc. — D'après les observations thermométriques faites pendant plusieurs années à Saint–Denis, la température moyenne est 25° 3' centigrades. Du reste, elle varie suivant l'élévation des lieux; et sur les plus hauts sommets de l'île, la température à midi du jour le plus chaud ne s'élève pas à plus de 10° centigrades.

L'île Bourbon, quoique placée sous la zone torride, est un des pays les plus sains de l'univers; son beau ciel, son air pur, la douceur de son climat, l'abondance de ses eaux, la fraîcheur de ses brises, tout concourt à en faire un séjour non moins agréable que salubre. On n'y connaît aucune maladie endémique; les fièvres tenaces et les fièvres intermittentes y sont ignorées; presque toutes les maladies y sont plutôt l'effet de l'imprévoyance que d'une influence quelconque du climat. Les vieillards de l'un et de l'autre sexe n'ont presque point de caducité; les maladies propres aux climats chauds ne s'y montrent que très-rarement avec la violence qui les rend si redoutables dans l'Inde. L'Européen qui vient habiter l'île Bourbon est certain d'y trouver le climat qui convient le mieux à sa santé, et le séjour de la colonie ne le cède point sous ce rapport à celui des Alpes, des Pyrénées et de l'Auvergne.

Deux saisons assez distinctes partagent l'année à Bourbon. De décembre en mai règne la saison marquée par la chaleur et l'abondance des pluies, c'est celle qu'on appelle l'*hivernage*. Depuis le mois de mai jusqu'à la fin de novembre, les pluies sont beaucoup plus rares et les chaleurs plus tempérées.

L'île Bourbon éprouve quelquefois des ouragans funestes à ses cultures et aux navires qui se trouvent sur ses côtes; mais ils sont moins désastreux que les ouragans des Antilles.

Parmis les ouragans qui ont causé le plus de désastres et de dommages à Bourbon, on compte ceux de 1751, 1772, 1773 et 1774, qui détruisirent toutes les plantations de caféiers et bouleversèrent les plantations de vivres; celui de 1786, dont la violence porta la désolation dans toute la colonie et causa la perte d'une frégate française; celui de 1806, qui fut désastreux pour les plantations de caféiers, de girofliers et de maïs; celui de 1818, qui causa d'affreux dégâts à l'Ile-de-France, mais dont heureusement l'île Bourbon n'eut que la queue; celui du 21 au 22 février 1844, un des plus terribles qu'on ait jamais ressentis dans ces parages: plusieurs navires de commerce furent jetés à la côte et brisés; un grand nombre d'habitations furent détruites, et on eut à regretter la perte de bon nombre de personnes; enfin celui du 28 février 1850, qui s'est prolongé jusqu'au 3 et au 4 mars, et a occasionné d'affreux dégâts.

De mars à juillet, époque où les vents soufflent avec le plus de violence, l'île Bourbon est exposée au *raz-de-marée*. La mer gronde sourdement en arrivant au bord de la plage; elle s'élève, elle se gonfle en un long rouleau qui s'abaisse avec un bruit pareil à celui d'une montagne qui s'écroulerait tout à coup; de nouveaux rouleaux se succèdent presque sans interruption; les communications cessent entre les navires et la terre. C'est dans les raz-de-marée, qui durent ordinairement vingt-quatre heures, que la mer a le plus de grandeur et de majesté.

## VILLES, BOURGS, QUARTIERS, NOUVEAU QUARTIER, ETC.

La population de l'île Bourbon est d'environ 110,000 individus, dont 30,000 blancs, 10,000 de couleur et 70,000 noirs. La population flottante de la colonie peut être évaluée de 5 à 600 individus.

Bourbon est partagé en deux grands arrondissements, dont la circonscription est déterminée par les divisions naturelles de l'île, la *partie du Vent* et la *partie Sous-le-Vent*.

Le nombre des communes est de treize. L'arrondissement du Vent a pour chef-lieu Saint-Denis, et se compose de trois cantons : Saint-Denis, Sainte-Suzanne et Saint-Benoît. L'arrondissement Sous-le-Vent a pour chef-lieu Saint-Paul, et compte aussi trois cantons : Saint-Paul, Saint-Louis et Saint-Pierre.

Saint-Denis, chef-lieu de la colonie et siége du gouvernement colonial, est situé au nord de l'île. Cette ville renferme environ 900 maisons, et la population est de 12,000 habitants ; elle s'élève sur un plateau au bord de la mer ; la chaleur y est tempérée par des brises fréquentes ; l'air y est sain, l'eau de bonne qualité. — Il y a à Saint-Denis un jardin botanique remarquable par la richesse de ses collections et la beauté de ses promenades. Un *jardin de naturalisation* a été établi dans les montagnes, à 4 kilomètres de la ville ; il renferme toutes les plantes d'Europe que le gouvernement y fait naturaliser pour les transplanter dans la colonie.

Saint-Paul, chef-lieu de l'arrondissement Sous-le-Vent, est situé au sud de l'île, sur le bord de la mer, à 30 kilomètres de Saint-Denis. Cette ville renferme 500 maisons, et la population est de 10,000 habitants.

L'air y est sain, comme dans tout le reste de la colonie, malgré sa situation entre un étang et la mer. On y remarque une église en pierres de taille, la plus belle de la colonie.

Les bourgs, comme les villes, sont situés en général sur le bord de la mer. Les bourgs ne contiennent pas généralement de population agglomérée. On y trouve seulement une église, avec un presbytère et un embarcadère. Quelques marchands en détail, et les individus employés au magasinage et au transport des denrées, sont à peu près les seuls résidents habituels. Les autres personnes appartenant à la commune résident à la campagne dans leurs propriétés, ou plutôt, pour employer l'expression usitée à Bourbon, dans leurs *habitations*. Une habitation comprend à Bourbon ce qu'on appelle la ferme et la maison de campagne. Lorsque plusieurs habitations sont à peu de distance l'une de l'autre, elles forment un quartier.

Depuis quelques années, un nouveau quartier s'est formé au centre de l'île, dans des lieux où naguère encore des chasseurs et des noirs errants avaient seuls pénétré. Cette localité se compose d'une vallée qui a de 10 à 12 kilomètres de diamètre en tous sens, et qui est environnée circulairement par de hautes montagnes formant une sorte de rempart naturel et inaccessible; ce rempart est interrompu seulement au nord-est par une étroite issue, qui donne passage à la rivière du Mât. La vallée dont il s'agit, coupée elle-même par la rivière du Mât et par les nombreux cours d'eau qui l'alimentent, offre un sol montueux, dont l'élévation au-dessus du niveau de la mer varie de 600 à 1,200 mètres, et dont la fertilité est partout remarquable; ce lieu a reçu le nom de *Salazie*.

Une source d'eau thermale découverte au fond de ce vaste cirque a déterminé la formation d'un établissement qui bientôt a été fréquenté par de nombreux

malades et convalescents. Cinquante à soixante familles se sont fixées près de la source, et ont formé
le noyau d'un bourg qui s'agrandit chaque jour.
D'après les remarques faites depuis la fondation du
nouveau village de Salazie, la température de cette
vallée est de 10° inférieure à celle de Saint-Denis,
offrant ainsi un hiver plus doux que celui de Toulon,
et un été dont la chaleur ne dépasse pas celle que l'on
ressent ordinairement à Bordeaux dans cette saison.

# CHAPITRE X

## SÉNÉGAL ET GORÉE

Premiers établissements des Français sur les côtes occidentales d'Afrique,
au XIVᵉ siècle. — Avantages procurés à la ville de Dieppe par le commerce de la côte d'Afrique. — Situation des établissements et du commerce français dans ces parages durant les XVᵉ, XVIᵉ et XVIIᵉ siècles.—
Cession de ces établissements à la compagnie des Indes occidentales.—
Plusieurs compagnies se succèdent pour exploiter ces établissements.
— La compagnie des Indes orientales en fait l'acquisition. — Prospérité du commerce et des établissements français d'Afrique sous le
régime de la compagnie des Indes. — Événements de 1758 à 1783. —
État de ces établissements jusqu'en 1789. — Situation du Sénégal jusqu'en 1809. — Prise du Sénégal par les Anglais. — La restitution en
1814. — Vues du gouvernement lors de la reprise de possession en
1817. — Plan de colonisation et de culture du Sénégal. — Traités avec
les Nègres du Walo et les Maures Braknar. — Guerre contre les Trazzas et les Peuls. — Traité avec les Trazzas. — Abandon des essais de
colonisation et de culture, 1822-1831. — Invasion du Walo par un faux
prophète.— Guerre contre les gens du Walo et contre les Maures Trazzas. — Conclusion de la paix en 1831. — Comparaison de la situation
commerciale de la colonie en 1818 et en 1837. — Topographie. — Établissements que possèdent actuellement les Français sur la côte occidentale d'Afrique. — Villes, comptoirs, ports, îles, escales.— Peuples
qui habitent les bords du Sénégal. — Productions de ces contrées. —
Nature et objet des échanges. — Rivières et fleuves. — Côtes et rades.
— Climats. — Population. — Langage.

HISTOIRE. — Parmi les peuples anciens, les Phéniciens, les Carthaginois, et après eux les Romains,

avaient exploré les côtes occidentales de l'Afrique ; mais aucun d'eux n'y avait formé d'établissements.

Les premières expéditions des peuples modernes pour ces parages datent du milieu du xive siècle ; elles furent entreprises par des Français habitants de Dieppe, et non, comme on l'a cru longtemps, par des Portugais et des Espagnols, qui ne commencèrent à fréquenter ces côtes qu'un siècle plus tard.

En 1365, des négociants de Rouen, s'étant associés à des marins de Dieppe, commencèrent à établir des comptoirs et des entrepôts de commerce sur la côte occidendale de l'Afrique, depuis l'embouchure du Sénégal jusqu'à l'extrémité du golfe de Guinée. C'est alors que furent successivement formés les établissements français du Sénégal, de la rivière de Gambie, de Sierra-Leone, et ceux de la côte de Malaguette, qui portaient les noms de *Petit-Dieppe* et de *Petit-Paris*, et que furent construits les forts français à la Mine-d'Or, sur la côte de Guinée, à Acra et à Cormentin.

Le commerce de ces établissements consistait principalement dans l'échange de toiles, de couteaux, d'eau-de-vie et de verroterie, contre des cuirs, de l'ivoire, des plumes d'autruche, de l'ambre gris et de la poudre d'or. Il procura d'immenses bénéfices à la ville de Dieppe, et y donna naissance au travail de l'ivoire, qui depuis lors a acquis à cette ville une renommée dont elle jouit encore aujourd'hui.

Les guerres civiles et étrangères qui désolèrent la France durant le xve siècle arrêtèrent en Normandie l'essor des entreprises maritimes ; le commerce d'Afrique fut abandonné, et les comptoirs français devinrent la proie des Portugais, des Espagnols, des Anglais et des Hollandais, à l'exception seulement de l'établissement du Sénégal. Les Français finirent cependant par ressaisir leurs droits, et reparurent

en maîtres dans plusieurs de leurs anciennes possessions. Vers 1626, le commerce français à la côte
d'Afrique reprit quelque activité, et jusqu'en 1664 il
demeura tout entier entre les mains d'une association
de marchands de Rouen et de Dieppe, qui durant
ce temps fit administrer ces comptoirs d'Afrique par
des directeurs de son choix, et pourvut à leur défense
sans intervention directe de la part du gouvernement
métropolitain.

En 1664, ces marchands associés vendirent leurs
établissements de la côte occidentale d'Afrique, et
cédèrent leur commerce dans cette partie du monde,
moyennant la somme de 150,000 livres tournois, à la
*compagnie des Indes occidentales*, créée, comme
nous l'avons dit, par un édit du mois de mai de la
même année.

Depuis quelque temps une nouvelle branche d'exportation s'était ajoutée à celle des objets tirés jusque
alors de la côte d'Afrique : c'était l'exportation des
noirs destinés aux travaux agricoles des colonies
françaises d'Amérique; ce commerce ne tarda pas à
devenir le plus important. Néanmoins la compagnie,
ayant donné une extension beaucoup trop vaste à ses
opérations, fléchit en quelque sorte sous leur poids,
et se vit contrainte, par arrêt du conseil du roi du
9 avril 1672, de vendre ses établissements d'Afrique.

Depuis lors jusqu'en 1719, six compagnies, qui
portèrent les noms de *compagnie d'Afrique*, *compagnie du Sénégal*, *compagnie de Guinée*, *compagnie
d'Apougny* (nom d'un des directeurs), *compagnie
d'Occident*, se succédèrent avec des chances diverses
dans l'exploitation du privilége du commerce sur la
côte d'Afrique.

La *compagnie des Indes*, fondée ou plutôt restau-
rée par le fameux Law, acquit en 1719 tous les
droits, priviléges, établissements, forts et comptoirs

du Sénégal pour la somme de 1,600,000 livres tournois ; la compagnie qui consentit à cette vente avait fait cette même acquisition neuf ans auparavant pour la somme de 240,000 francs. Le simple rapprochement de ces deux sommes suffit pour faire juger de l'état prospère où se trouvaient alors les affaires de cette compagnie.

La compagnie des Indes eut exclusivement l'administration civile et militaire des établissements français d'Afrique. Cette administration, qui dura près d'un demi-siècle, fut toujours paternelle. Les directeurs nommés par la compagnie surent profiter des fautes de leurs prédécesseurs ; et, soutenus par la protection royale, ils firent de grandes entreprises qui toutes réussirent. Ils s'appliquèrent surtout à entretenir l'union et la paix entre les différents peuples du pays. La compagnie fonda ou releva plusieurs forts ou comptoirs sur les côtes et dans l'intérieur de la concession : Arguin et Portendick, sur la côte ; Saint-Louis et Podor, sur le Sénégal ; Saint-Joseph et Saint-Pierre, au royaume de Galam ; Gorée, Joal, Albreda, sur la rivière de Gambie ; Bintam, sur la rivière de Géréges. Tous ces comptoirs étaient bien tenus et donnaient de grands produits ; elle s'apprêtait à tenter de nouvelles entreprises, lorsque la guerre vint arrêter le cours de sa prospérité.

En 1758, les Anglais s'emparèrent du Sénégal et de Gorée. Ce dernier établissement nous fut seul restitué par le traité de 1763 ; mais le 30 janvier 1779, les Français reprirent de vive force le Sénégal, et le traité de paix de 1783 reconnut nos droits à sa possession. A partir de cette époque, la colonie commença à être administrée par des gouverneurs directement nommés par le roi.

En 1789, d'après les documents officiels, les exportations du Sénégal pour la France ont employé seize bâtiments, et se sont élevées à la somme de près de 3,000,000 de francs, et durant la même année, la valeur totale des marchandises expédiées de France pour tous les points de la côte d'Afrique a été d'environ 21,000,000 de francs. Il est sorti des ports de France, pour ce commerce, au delà de cent navires, jaugeant plus de 38,000 tonneaux.

Pendant la révolution, la colonie eut à souffrir de la guerre maritime qui éclata alors avec l'Angleterre. La Gorée fut prise en 1800, et le Sénégal en 1809. Le traité de paix de 1814 rendit à la France tous les établissements qu'elle possédait à la côte occidentale d'Afrique au 1er janvier 1792 ; ce ne fut que le 25 janvier 1817 que la reprise de possession effective du Sénégal et de ses dépendances put être opérée. Les droits respectifs des nations française, anglaise et portugaise sur la côte occidentale d'Afrique ont été réglés en 1815 par un traité qui n'a pas sensiblement modifié celui de 1783.

L'attention du gouvernement, en recouvrant le Sénégal, se porta sur les moyens de hâter le développement des ressources que cette colonie pouvait offrir à la France. Précédemment les établissements de Saint-Louis et de Gorée tiraient toute leur importance de la traite des esclaves, dont ils étaient les principaux entrepôts dans ces parages, et de celle de la gomme, de l'or, du morfil, de la cire jaune et des cuirs. Mais jusque-là aucun essai de culture n'y avait été entrepris. L'abolition de la traite des noirs et la perte faite par la France de plusieurs de ses colonies agricoles ou de plantations, déterminèrent le gouvernement à tenter au Sénégal l'introduction de la culture des denrées coloniales. Un double avantage semblait devoir résulter de l'accomplissement de ces vues : d'un côté, de nouveaux débouchés s'ouvriraient à l'écoulement des produits de l'industrie nationale, et l'accroissement de nos relations commerciales en deviendrait la conséquence nécessaire; de l'autre, la civilisation pénétrerait avec le travail parmi les peuplades indigènes, dont on voulait faire les principaux instruments d'une colonisation fondée sur la culture par des mains libres.

Le gouvernement, songeant à réaliser ce dessein, fit partir en 1818 et en 1819 deux expéditions pour transporter au Sénégal les personnes et le matériel jugés nécessaires à l'exécution de l'entreprise.

Le 8 mai 1819, le commandant du Sénégal passa avec le brack (roi) et les principaux chefs du Walo un traité par lequel ceux-ci cédaient à la France, en toute propriété et à toujours, les îles et autres terres du Walo où le gouvernement français jugerait convenable de former des établissements de culture ; le prix de cette cession était réglé au moyen de *coutumes* annuelles payées au brack et aux principaux chefs. On donne le nom de *coutumes* à des présents en marchandises, que depuis un temps plus ou moins reculé le gouvernement du Sénégal est dans l'usage de faire annuellement aux différents chefs des peuples indigènes du Sénégal et de la Sénégambie, afin d'obtenir d'eux sûreté et protection pour les intérêts des Français qui vont commercer ou s'établir sur leurs territoires respectifs. Un autre traité dans le même but fut conclu à la même époque avec le roi de la tribu des Maures Braknas. Le chef-lieu de la colonisation fut d'abord placé sur le plateau de Dagana (rive gauche du Sénégal), à 160 kilomètres environ de l'embouchure du fleuve.

Ces projets de colonisation excitèrent le mécontentement des peuples voisins, entre autres des Maures Trarzas, qui occupent le pays compris entre Portendick et la rive droite du Sénégal; et des Peuls, peuplade noire qui habite le pays du Fouta - Toro,

sur la rive opposée du fleuve. Une ligue se forma
contre les Français, et la guerre éclata au mois
d'août 1819. Les Maures et les Nègres coalisés ne
purent tenir contre les armes françaises; les hostilités n'en durèrent pas moins de deux ans, et ce ne
fut qu'après que les Trarzas eurent essuyé de rudes
défaites, et que deux villages du Fouta-Toro eurent
été écrasés par l'artillerie française, que la paix fut
enfin conclue (juin 1821).

Après ce traité, les relations commerciales de la
colonie avec l'intérieur reprirent leur activité. Une
escale pour le commerce de la gomme fut même établie dans le pays des Maures-Dowiches, près de
Bakel, et l'on y traita en 1821 de plus 250,000 kilogrammes de gomme. Le même commerce se fit en
outre sur les points accoutumés avec de grands avantages, malgré la concurrence des Anglais, qui
usèrent pour la première fois de leur droit de
traiter avec Portendick.

Jusque alors les plans de colonisation approuvés
par le gouvernement n'avaient pu recevoir leur exécution. Ce ne fut qu'en 1822 que commença sérieusement l'entreprise des cultures. On s'occupa d'abord
de cultiver le coton et l'indigo, plantes qui croissent
spontanément dans cette partie de l'Afrique. Quelques établissements agricoles se formèrent; des
primes considérables en argent et des secours de
tous genres furent accordés aux planteurs. Bientôt,
cependant, des doutes fondés s'élevèrent sur la réus-
site de ces essais; on ne crut pas cependant devoir
interrompre brusquement l'expérience commencée.
Les planteurs continuèrent donc à recevoir des encouragements du gouvernement. Mais en 1830 aucun
succès n'avait encore couronné ces efforts, et l'expérience semblait démontrer définitivement qu'au
Sénégal la culture du coton et la fabrication de l'in-

digo ne pouvaient pas être exploitées avec bénéfice.
Postérieurement à 1830, les allocations pour la colonisation du Sénégal furent retranchées du budget de
la marine, et dès lors les planteurs du Sénégal abandonnèrent successivement leurs cultures, dont il ne
reste plus aujourd'hui de vestiges.

En 1827, les Nègres Yolofs et deux tribus des
Maures Trarzas commirent des actes de brigandage à
l'égard des planteurs français ; une expédition châtia
rudement les agresseurs, et les força à nous demander la paix.

Au mois de février 1830, un faux prophète nommé
Mohammed-Amar, traînant après lui des partisans
fanatisés, envahit le Walo, et y commit des actes de
la plus atroce barbarie. Il menaça même la tranquillité générale et la sûreté de l'établissement français
du Sénégal, au point de rendre nécessaire un certain
déploiement de forces contre lui. Attaqué et mis en
fuite près de Dagana par le gouverneur et par une
partie de la garnison, Mohammed-Amar fut pour-
suivi par les gens du Walo, qui le firent prisonnier,
le condamnèrent à mort et le pendirent aux branches
d'un tamarinier, en face de l'établissement de Richard-Tol.

De 1834 à 1835, une nouvelle guerre eut lieu
contre les gens du Walo et les Maures Trarzas. Après
une première expédition sans résultat, et à la suite
de laquelle mourut le gouverneur qui l'avait entreprise, une seconde expédition fut dirigée par le
gouverneur intérimaire, et eut un plein succès. Le
30 août 1835, la paix fut conclue à peu près sur les
bases des traités de 1821 et 1829. C'est dans cette
guerre que disparurent les derniers vestiges des
essais de culture tentés au Sénégal, et que le jardin de
Richard-Tol, où de si magnifiques pépinières avaient
été créées, fut complétement détruit.

Depuis cette époque, la tranquillité dans nos possessions de cette partie de l'Afrique n'a pas été sérieusement troublée. Malgré les hostilités auxquelles la colonie a été en butte depuis la dernière reprise de possession, le Sénégal et ses dépendances ont pris un degré d'importance commerciale fort remarquable. On en jugera par les rapprochements suivants :

En 1818, le mouvement général du commerce du Sénégal avec la France avait été de 5,268,755 francs ; en 1837, il était de 12,073,990 francs. Il y avait donc eu une augmentation de 8,805,257 francs. Les principales exportations de la colonie pour la France se composaient, en 1818, de 618 kilogrammes de différents bois de teinture et autres ; en 1837, la même marchandise a fourni 332,025 kilogrammes. — Dents d'éléphants, en 1818, 2,686 kilogrammes ; en 1837, 29,987.— Gomme, en 1818, 1,207,143 kilogrammes ; en 1837, 2,457,170 kilogrammes — Cire brute, en 1818, 17,879 kilogrammes ; en 1837, 55,936 kilogrammes. — Peaux brutes, en 1818, néant ; en 1837, 148,159 kilogrammes.

Topographie. — Le Sénégal a été de tout temps une colonie d'entrepôt, et nous avons vu que la tentative faite pour y établir une colonie agricole avait complétement échoué. Nous ne possédons, en conséquence, que les comptoirs et les établissements fortifiés que nous y avons établis ; le reste du pays ne nous appartient pas ; aussi n'en ferons-nous qu'une description très-sommaire, et seulement dans ses rapports avec nos établissements.

Depuis cinq siècles environ que les Français fréquentent la côte occidentale d'Afrique, ils y ont occupé différents points et formé de nombreux comptoirs, abandonnés pour la plupart aujourd'hui. La colonie française du Sénégal, telle qu'elle existe aujourd'hui, ne se compose que de plusieurs petites

îles et de portions de territoire sur le continent afri-
cain. Cette colonie tire son nom d'un grand fleuve
sur lequel ses principaux établissements sont situés.

Des nombreux établissements qui nous ont appartenu, les seuls qu'occupent en ce moment les Français, sont :

1° Sur le fleuve du Sénégal, l'*île Saint-Louis* et
les îles voisines, le poste militaire de *Richard-Tol*,
le poste militaire de *Dagana*, le fort de *Bakel;*

2° Sur la côte, l'*île de Gorée;*

3° Dans la Gambie, le *comptoir Albréda;*

4° Dans la Cazamaure, le *comptoir de Séghiou;*

Auxquels on peut ajouter les comptoirs fortifiés
d'*Assinie* et du *Gabon*, dont nous avons pris possession en 1843.

L'île *Saint-Louis*, sur laquelle est bâtie la ville de
Saint-Louis, chef-lieu des établissements français de
la côte occidentale d'Afrique, est formée par le
Sénégal, qui se jette dans la mer 12 à 20 kilomètres plus bas; car son embouchure, étant mobile,
varie assez souvent. Cette île n'est qu'un banc de
sable, long de 2,300 mètres, large de 180 en
moyenne, et d'une superficie de 54 hectares. Son sol
sablonneux est stérile, et ne peut, même au moyen
d'engrais, se prêter à des travaux d'agriculture.

Par sa proximité de la mer, Saint-Louis est dans
une position extrêmement favorable pour le commerce. Ses abords, du côté de l'est, sont d'un accès
facile pour les navires; du côté de l'ouest ils sont
obstrués. — L'île Saint-Louis est située par le 16° de
latitude nord et le 18° 50' de longitude ouest de
Paris.

La ville de Saint-Louis présente une longueur
de 1,500 mètres du nord au sud, sur une largeur moyenne de 180 mètres. On y compte 514
maisons en briques, 2,923 cases, et environ 600

magasins ou boutiques. — Sa population est de 9,000 habitants. — Les rues sont bien percées et coupées à angles droits ; les maisons sont bien alignées. L'hôtel du gouvernement, les casernes, l'hôpital et l'église sont les seuls édifices publics dignes d'être mentionnés. La ville est défendue par quelques batteries. Il n'y a dans l'île ni ruisseaux, ni fontaines ; la rivière fournit l'eau nécessaire aux usages domestiques ; pendant tout le temps de la crue du fleuve, c'est-à-dire pendant cinq à six mois, son courant est tellement rapide, que le flux ne se fait plus sentir devant Saint-Louis, et que l'eau du fleuve est complétement douce. Lorsqu'elle devient salée, on creuse dans le sable à une certaine distance du bord, et l'on y puise une eau légèrement trouble et saumâtre, mais qu'on peut boire sans inconvénient après qu'elle a été filtrée.

Le poste militaire de *Richard-Tol* est situé sur la rive gauche du Sénégal, dans le pays du Walo, à 80 kilomètres au N.-E. de Saint-Louis, et à 120 kilomètres environ en suivant les sinuosités du fleuve. Vingt-cinq hommes y sont placés pour protéger le commerce et les relations avec les indigènes dans cette partie de la colonie.

Le *Dagana*, poste militaire sur la rive droite du fleuve, à 108 kilomètres de Saint-Louis, a une caserne avec un mur crénelé et bastionné, construits en 1821. On y entretient un poste de vingt-cinq à trente hommes pour la protection du commerce du fleuve.

Le fort de *Bakel*, sur la rive gauche du Sénégal, dans le pays de Galam, à 800 kilomètres de Saint-Louis par les sinuosités du fleuve, et à 400 kilomètres environ en ligne droite, consiste en une enceinte bastionnée, d'une superficie d'un demi-hectare environ, occupée par un détachement de trente hommes.

Un enclos de 40 mètres de long sur 55 de large est situé au N.-E. du fort : c'est là qu'est établi le comptoir pour les échanges avec les peuples de la haute Sénégambie.

L'île de *Gorée* est située par 14° 40' de latitude nord, et 19° 50' de longitude ouest du méridien de Paris, à 2 kilomètres du cap Vert, à un kilomètre et demi environ de la pointe de Dakar, à 152 kilomètres au S.-S.-O. de Saint-Louis, et à 140 kilomètres à peu près de l'embouchure de la Gambie. Cette île n'est qu'un rocher, dont la superficie est à peu près de 17 hectares.

La ville de GORÉE occupe plus des deux tiers de cette superficie. Sa population est d'environ 5,000 habitants, principalement mulâtres et noirs, qui font un commerce actif de cabotage entre la ville et les îles du cap Vert. Il n'y a d'édifice public digne d'être cité qu'une caserne, qui peut contenir environ deux cents hommes. Les rues sont étroites, mais bien percées, d'un parcours facile, et très-propres. La ville est dominée par le fort, qui est placé au sommet d'un rocher formé de colonnes basaltiques. Elle a un aspect très-pittoresque. L'île de Gorée ne produit rien ni pour la subsistance, ni pour l'agrément de ses habitants : deux sources sont situées au pied du rocher du sud, mais elles sont loin de suffire à la consommation des habitants, qui s'approvisionnent d'eau, ainsi que de bois et de toute espèce d'aliments, sur la côte voisine.

Malgré ces désavantages, l'île de Gorée a toujours été considérée comme extrêmement importante. Son port offre un bon mouillage, et il est le seul de ceux que la France possède dans ces parages où ses flottes puissent s'abriter et se ravitailler.

Le comptoir d'*Albréda* est situé sur la rive droite de la Gambie, à 55 kilomètres environ de l'embouchure du fleuve, près de la ville *Saint-Mary's Bathurst*, appartenant aux Anglais. Ce comptoir n'est habité par aucune famille française; il n'y a qu'un résident chargé de surveiller les opérations commerciales des Français dans la Gambie. On tire d'Albréda des peaux de bœufs, de la cire, de l'or, etc.

Le comptoir de *Séghiou* ou *Sédhiou* est établi sur la rive droite de la rivière de Cazamaure, à 120 kilomètres de son embouchure. On y a construit, en 1838, outre les magasins du comptoir, un petit fort destiné à le protéger.

L'île de Carabanne, vendue en 1836 à la France par les indigènes, est située à environ 9 kilomètres de l'embouchure de la Cazamaure. Elle n'est, quant à présent, ni habitée, ni cultivée.

Les établissements français situés sur le fleuve du Sénégal n'occupent sur ces rives, ainsi qu'on vient de le voir, que certains points isolés; mais leur commerce se fait par l'entremise et en partie sur le territoire de peuples d'origine et de mœurs diverses, qui possèdent les pays arrosés par ce grand fleuve. Il convient donc ici de dire quelques mots de ces différents pays.

*Peuples qui habitent les bords du Sénégal.* — La rive gauche du Sénégal, depuis l'embouchure de ce fleuve jusqu'au poste de Bakel, est exclusivement occupée par des peuples de race nègre; elle comprend les royaumes de Kayor et du Walo, les États indépendants du Fouta, et le pays de Galam.

Le royaume de *Kayor,* qui se prolonge sur la côte d'Afrique jusqu'au cap Vert, ne s'étend, le long de la rive gauche du Sénégal, que depuis l'embouchure du fleuve jusqu'à la pointe de l'île Bifèche. Cet État est habité par des Nègres de race yolofe. Les principaux produits tirés du Kayor sont des bestiaux, du mil, de la cire, que nos commerçants du Sénégal échangent avec de la poudre, du fer, des verroteries, de l'eau-de-vie, du tabac et des armes.

Le pays du *Walo* commence à l'ouest de l'île Bi-fêche, à 12 kilomètres environ au-dessus de l'embou-chure du Sénégal, et s'étend à 160 kilomètres au-dessus de l'île Saint-Louis, le long de la rive gauche du fleuve, jusqu'au village de Dagana.

Le *Fouta* s'étend, toujours sur la même rive, depuis la limite supérieure du Walo jusqu'au pays de Galam. Il est partagé en trois provinces principales : Le *Fouta* proprement dit, au milieu; le *Toro* ou *Fouta-Toro*, à l'ouest; et le *Damga*, à l'est. Les naturels qui l'habitent appartiennent spécialement à la race des *Peuls* ou *Foules*. L'ancien établissement français de *Podor* se trouvait sur le territoire de ce pays.

Les produits que le commerce tire du Fouta sont le mil, le morfil, l'or, les cuirs, les pagnes, le beurre et un peu de gomme.

Au nord du Sénégal est le *Kaarta*, appartenant aux Mandingues Bambarras. C'est un pays bien cul-tivé, bien peuplé, et qui fait un commerce assez considérable avec les Maures et les contrées voisines. On en tire beaucoup d'ivoire et d'or.

Le pays de *Galam*, resserré au sud par le *Bam-bouk* et le *Bondou*, ne forme plus aujourd'hui qu'une lisière de terre le long de la rive gauche du Sénégal. C'est là qu'est établi le poste français de Bakel. Le *Bambouk* est un pays riche appartenant aux États mandingues; on y trouve deux villes principales, *Farbana* et *Natacan*. Le Bambouk renferme des mines d'or, que la compagnie française du Sénégal avait le projet d'exploiter il y a un siècle, quand elle en fut empêchée par la guerre avec l'Angleterre. On y trouve aussi des mines d'argent, de cuivre et de fer.

La rive droite du Sénégal, depuis Saint-Louis jusqu'à la hauteur de Bakel, est parcourue plutôt qu'habitée par trois grandes tribus maures du désert, connues sous les noms de *Trarzas, Braknas* et *Dowiches.* Ces tribus sont nomades.

C'est sur le territoire des Trarzas que sont situées les forêts de *Sahel* et d'*El-Hebiar,* où les Trarzas récoltent la gomme qu'ils vendent aux commerçants français.

Le pays des Braknas contient aussi une forêt d'où ils tirent chaque année une quantité considérable de gomme.

Chaque année, à certaine époque, les Maures qui occupent les pays de la rive droite du fleuve, viennent dans des lieux appelés *escales,* apporter leurs gommes aux marchands ou *traitants* de Saint-Louis, qui se rendent à ces escales avec de grandes embarcations, et échangent cette denrée contre des marchandises, telles que toiles bleues, dites *guinées,* armes, poudre, verroteries et tabac en feuilles. Hors du temps que dure chaque année la traite de la gomme, les emplacements des escales sont absolument déserts.

*Rivières et fleuves.* — Dans la partie de la côte occidentale d'Afrique sur laquelle se trouvent les établissements français, il n'y a de fleuves ou rivières dignes d'être mentionnés que la rivière *Saint-Jean,* entre Arguin et Portendick, le *Sénégal,* la rivière de *Salum,* la *Gambie* et la *Cazamaure.* De ces cours d'eau, nous ne parlerons que du plus important de tous, du Sénégal.

Le Sénégal, appelé aussi *Zenaga,* prend sa source dans le Fouta-Djalon, où il est connu sous le nom de *Ba-Fing* (Fleuve-Noir) : après avoir arrosé le Fouta-Djalon, baigné le Djalon-Kadou, le Bambouk, le Kadjaga, le Kasson, le Fouta-Toro et le Walo, il se jette dans l'Océan.

Dans la partie inférieure de son cours, il forme un grand nombre d'îles, parmi lesquelles se distinguent, par leur étendue, celles de *Morfil* (Morphil ou de l'Ivoire), de *Bistèche* et de *Beyghio* (Bequio).

Le Sénégal reçoit un grand nombre d'affluents dans la partie supérieure de son cours, et très-peu dans la partie inférieure ; nous citerons parmi ceux de la rive droite le *Kakoro*, grossi par le *Ba-Oulima.* Ses principaux affluents à gauche sont : le *Falimi*, qui est le plus grand de tous, et le *Nériko*, qui établit une jonction temporaire entre le bassin du Sénégal et celui de la Gambie. La longueur du cours du Sénégal est évaluée à 1,800 kilomètres. Ce fleuve déborde tous les ans comme le Nil. Il serait navigable pour de grands bâtiments, si la barre de son embouchure ne leur en défendait l'entrée. Ceux qui tirent de 3 à 4 mètres d'eau peuvent y passer et naviguer facilement, en tout temps, jusqu'à 320 kilomètres au dessus de son embouchure.

*Côtes et rades.* — La côte, depuis le cap Blanc jusqu'à l'embouchure de la Gambie, présente peu de rades sûres. — La rade de la barre de Saint-Louis est la plus importante; celle de Gorée offre un bon mouillage; mais elle n'est tenable que pendant huit mois de l'année. La rade d'Arguin est peu connue et rarement visitée; cependant elle a été autrefois très-fréquentée par les Portugais, les Hollandais et les Français. — L'entrée et la tenue de la baie de Portendick sont très-difficiles. La rade de *Joal* est saine et vaste, mais elle a peu de fond.

*Climat.* La température du Sénégal est, dans certaines circonstances, d'une chaleur accablante. L'air est tellement embrasé, qu'il devient irrespirable, et fatigue également les hommes et les animaux ; néanmoins la température moyenne à Saint-Louis et à Gorée ne paraît être que de 21°. Les

journées sont sans nuages et les nuits sans rosée.
La saison des pluies n'apporte qu'une modification
temporaire à la sécheresse de l'atmosphère, fréquemment entretenue par les vents brûlants de l'est.

*Population.* — La population des établissements
français du Sénégal et de ses dépendances se compose de négociants français et d'habitants indigènes
noirs ou de sang-mêlé.

Les Français qui s'y trouvent y vont rarement dans
l'intention de s'y fixer. Des intérêts commerciaux les
y conduisent et les y retiennent, mais ils ne consen-
tent jamais à s'y établir définitivement. Le climat
et le pays leur sont également désagréables. Le reste
de la population blanche se compose des employés
du gouvernement.

Les habitants indigènes sont ou des gens de couleur
provenant du mélange des deux races blanche et
noire, ou des nègres purs, professant généralement la
religion musulmane et conservant les mœurs et les
usages de l'Afrique. Les habitants indigènes se livrent
presque tous à la navigation sur le fleuve et au petit
cabotage sur la côte, dans les environs des rivières
de Salum et de Cazamaure, dans la Gambie et dans
l'archipel de Bissagos. On désigne particulièrement
sous le nom de *Laptots* les noirs qui sont employés,
soit comme patrons, soit comme matelots, à bord
des navires ou embarcations du pays.

Il y a en outre à Saint-Louis une population flottante composée d'indigènes des deux sexes appartenant aux peuplades de l'intérieur, et amenés à
l'établissement français, soit par leurs relations avec
le commerce local, soit par suite des discordes et des
guerres qui éclatent si souvent sur les rives du Sénégal parmi les populations indigènes. Leur nombre
s'élève à 1,000 individus.

Il n'existe dans la colonie du Sénégal aucun préjugé de caste ; les fonctionnaires municipaux de Saint-Louis et de Gorée appartiennent tous depuis long-temps à la classe de couleur.

La population totale de nos établissements du Sénégal et de ses dépendances s'élève à 18,500 habitants, dont 250 environ sont Européens. Les indigènes, qui forment le surplus de la population, ne sont pas tous musulmans; on compte parmi eux environ 2,700 catholiques.

*Langage.* — A Saint-Louis et à Gorée, tous les habitants, hommes et femmes, mulâtres et nègres, parlent passablement le français; mais la langue usuelle et naturelle du pays, celle de tous les peuples voisins, est le yolof, langue douce et harmonieuse qui se prête au rhythme et à la mesure, et dont les formes musicales sont d'une grande simplicité. C'est celle que les Européens qui veulent trafiquer dans le pays doivent apprendre.

Les tribus maures de la rive droite du Sénégal emploient dans leurs traités et leurs conventions la langue arabe, qui leur est naturelle ; mais elles se servent aussi du langage yolof pour leurs transactions commerciales.

# CHAPITRE XI

## POSSESSIONS FRANÇAISES A MADAGASCAR

Notice historique. — Découverte de Madagascar. — Établissements français formés à Madagascar avant 1814. — Reprise de possession de nos anciens établissements en 1818 et 1819. — Projets du gouvernement à Madagascar. — Fondation d'un établissement à Sainte-Marie. — Prise du fort Dauphin par les Ovas. — Vexations exercées par Radama contre les Français. — Mesures prises par le gouvernement pour y mettre un terme. — Expédition de 1829 contre les Ovas. — Le gouvernement ajourne tout projet d'établissement à Madagascar, et fait évacuer Tintingue. — Maintien de l'établissement de Sainte-Marie. — Nouveaux établissements à Mayotte et à Nossi-Bé.

L'île de Madagascar fut découverte en 1506 par les Portugais, qui n'y formèrent aucun établissement. En 1642, les Français, déterminés par les avantages maritimes et commerciaux qu'offrait cette île, résolurent de l'occuper. Ils y créèrent successivement plusieurs établissements, et demeurèrent exclusivement, pendant près de deux siècles, en possession de faire le commerce sur la côte orientale. Depuis 1644, époque de la fondation du Fort-Dauphin, jusqu'en 1786, ces divers établissements furent tour à tour occupés, abandonnés et occupés de nouveau, selon que l'exigèrent nos vues, nos convenances ou des circonstances locales. Quelques-uns eurent à de certaines époques une importance plus ou moins grande. C'est ainsi que le Fort-Dauphin fut, de 1667 à 1670, le chef-lieu des possessions orientales de la compagnie des Indes, la résidence d'un gouvernement général et le siége d'un conseil souverain ; mais, à la fin de 1671, presque tous les blancs ayant été massacrés par les naturels de Madagascar, les Français cessèrent d'habiter l'île d'une manière permanente.

Après l'abandon des établissements formés dans la baie d'Antongil par le baron de Beniowski, vers 1786, la France n'eut plus à Madagascar qu'un commerce d'escale, et n'y conserva, sous la protection d'un petit nombre de soldats français, fournis par la garnison de l'Ile-de France, que quelques postes de traite, indispensables pour assurer l'approvisionnement de cette dernière île et de celle de Bourbon, en riz, bœuf et salaisons.

Pendant les guerres de l'Empire, ces postes furent concentrés à Tamatave et à Foulpointe. Ils tombèrent au pouvoir des Anglais en 1811, par suite d'une capitulation conclue entre M. Sylvain Roux, agent commercial français à Tamatave, et le commandant d'une division navale de S. M. Britannique. Les Anglais détruisirent les forts qui existaient dans nos comptoirs, et abandonnèrent ensuite le pays aux indigènes.

En 1814, le traité de Paris rendit à la France ses anciens droits sur Madagascar. Ces droits nous furent un instant contestés par les Anglais; mais en 1818 et en 1819, le gouvernement français fît reprendre solennellement possession de Sainte-Marie, de Tintingue, du Fort-Dauphin et de Sainte-Luce, et plaça ces établissements sous l'autorité du gouvernement de l'île Bourbon. Le Fort-Dauphin avait, comme nous l'avons dit, appartenu à la France dès les premiers temps de l'occupation. L'île Sainte-Marie avait été cédée à la France par Béti, fille de Ratzimilabo, reine de l'île. L'acte authentique de cession porte la date du 30 juillet 1750.

Après la conclusion des traités de 1814 et de 1815, la situation de la France en ce qui concernait ses possessions coloniales se trouvait bien différente de de ce qu'elle était antérieurement à la révolution de 1789. L'Ile-de-France avait passé sous la domination anglaise; l'indépendance de Saint-Domingue était un fait accompli; l'abolition de la traite des noirs était stipulée dans l'un et l'autre traité, et l'île Bourbon était dépourvue de port. Le temps semblait donc venu d'examiner si Madagascar pouvait nous rendre ce que nous avions perdu dans la mer des Indes et aux Antilles, et se prêter à des établissements avantageux à notre marine et à notre commerce.

La création d'une colonie agricole, surtout dans une île aussi lointaine, et dont une grande partie du littoral est insalubre, entraînait avec elle de grandes difficultés et des dépenses considérables; mais les mêmes inconvénients ne s'opposaient point à la fondation d'un port pour les bâtiments français naviguant au delà du cap de Bonne-Espérance. Le gouvernement se détermina, en conséquence, à jeter les premiers fondements d'un établissement maritime à Sainte-Marie. Cette dernière île était la clef de Tintingue, et Tintingue était, depuis la baie d'Antongil jusqu'au Fort-Dauphin, le seul lieu de la côte orientale de Madagascar qui pût recevoir des vaisseaux.

Une expédition destinée à commencer l'établissement projeté partit de France le 7 juin 1821, et arriva sur la fin d'octobre à Sainte-Marie. Elle se composait de 79 personnes, comprenant, outre le personnel civil, une compagnie de 60 officiers et ouvriers militaires, et 6 colons volontaires. Le but que l'on se proposait était : 1° d'assurer la possession du port de Tintingue à la France; 2° de créer à Sainte-Marie des cultures libres, à l'aide des colons militaires que l'on y transportait, et de noirs travailleurs qui seraient loués aux chefs madécasses ou achetés d'eux, et, dans ce dernier cas, déclarés libres immédiatement, moyennant un engagement temporaire de leurs services ; 3° d'encourager la culture des denrées coloniales par les indigènes, d'entretenir et d'étendre le commerce déjà existant à Madagascar ; 4° enfin, d'attirer et d'installer utilement à Sainte-Marie le trop plein de la population libre de Bourbon.

Dès le début ces projets furent traversés par les vues ambitieuses de Radama, chef de la tribu des Ovas. Ce chef éleva des prétentions à l'entière souveraineté de l'île : il fit occuper, sur la fin de juin 1822, par 3,000 de ses soldats, le bourg de Foulpointe, ancien chef-lieu des établissements français à Madagascar ; et il envoya l'année suivante à la Pointe-à-Larrée, située vis-à-vis de Sainte-Marie, des troupes ovas qui incendièrent les villages de Fondaraze et de Tintingue, et pillèrent tout sur leur passage.

La colonie de Sainte-Marie, trop faible pour s'opposer à ces actes d'hostilité, continuait ses travaux de défense militaire, d'utilité publique et de culture. Mais bientôt l'expérience fit reconnaître que le sol de Sainte-Marie était en général de mauvaise qualité et se détériorait à la culture. On ne songea plus désormais qu'à en faire un entrepôt, soit pour le commerce de la France et de Bourbon, soit pour approvisionner cette dernière colonie en riz et en bestiaux. Ces considérations déterminèrent le gouvernement à ne point renoncer au projet de coloniser Sainte-Marie, malgré les difficultés que son exécution avait jusque alors rencontrées et qu'elle devait vraisemblablement rencontrer encore.

Radama, qui cherchait toujours l'occasion d'agir hostilement, envoya en 1825 sur la côte un corps de troupes ovas d'environ 4,000 hommes, qui s'empara du Fort-Dauphin, alors occupé par un poste français composé seulement d'un officier et de cinq soldats. Moins d'un an après cette agression, les plus insignes vexations commencèrent à être exercées par les Ovas contre les traitants français de la côte orientale de Madagascar, et particulièrement contre ceux de Sainte-Marie.

Le gouvernement se décida alors à tirer une vengeance éclatante de ces insultes, et à reconquérir par la force nos droits et notre influence à Madagascar. Pendant qu'on préparait une expédition militaire dans ce but, Radama mourut, le 24 juillet 1828, et fut remplacé par la reine Ranavalo-Manjaka, l'une de ses femmes. La faction militaire qui avait élevé au trône Ranavalo avait exigé d'elle le serment de ne jamais consentir à céder aux étrangers une portion quelconque du territoire de Madagascar. Le gouvernement français dut donc continuer ses préparatifs.

L'expédition, composée d'une division navale de six bâtiments, et de 5 à 600 hommes de débarquement, mouilla, le 9 juillet 1829, sur la rade de Tamatave. Le 2 août elle prit possession de Tintingue. Ce point fut fortifié et reçut une garnison de 400 hommes.

Les satisfactions demandées à la reine Ranavalo n'ayant pas été obtenues, le chef de l'expédition commença les hostilités le 10 novembre suivant. Plusieurs combats eurent lieu à Tamatave, à Ambatourmanoui, à Foulpointe et la à Pointe-à-Larrée, contre les troupes ovas. Les avantages remportés par nos soldats dans ces différents engagements disposèrent le gouvernement ova à traiter. Les hostilités furent suspendues; mais la reine Ranavalo éludant toujours le traité de paix qu'elle avait elle-même proposé, on projeta contre elle une nouvelle expédition.

Sur ces entrefaites éclata la révolution de juillet 1830. Dans la position grave où cette révolution plaçait la France, le gouvernement pensa que le parti le plus sage à prendre à l'égard de Madagascar était de renoncer, du moins pour le moment, à tous projets d'établissement dans l'île, en prenant les précautions nécessaires pour sauver l'honneur de nos armes. On évacua, en conséquence, Tintingue du 20 juin au 3 juillet 1831.

Quant à l'île Sainte-Marie, que l'on avait d'abord songé à évacuer aussi, on ne crut pas devoir l'abandonner. Les intérêts des colons français qui s'y étaient établis sur la foi des promesses du gouvernement, ne pouvaient être sacrifiés. D'un autre côté, un assez grand nombre d'indigènes ennemis des Ovas, et qui avaient pris parti pour la France, s'étaient réfugiés dans l'île au moment de la destruction du fort de Tintingue, et on leur devait asile et protection jusqu'à ce qu'ils pussent se soustraire à la vengeance des Ovas en choisissant une autre retraite. Il parut nécessaire, d'ailleurs, de conserver des moyens de protection efficaces à l'égard de notre commerce sur la côte occidentale de Madagascar, et de constater par la présence de notre pavillon que la France maintenait ses droits sur ses anciennes possessions. On se borna donc à réduire le personnel et les dépenses de l'établissement au strict nécessaire.

Depuis lors l'état de guerre a cessé entre les Français et les Ovas; mais les relations commerciales ne sont qu'imparfaitement rétablies sur la côte orientale de Madagascar. L'insalubrité qu'offre cette côte a été en grande partie la cause du peu de succès de nos établissements dans ces parages. Cette insalubrité est due aux pluies diluviennes qui inondent chaque année le pays, et aux débordements des rivières, dont l'embouchure est fréquemment obstruée par les sables qu'y accumulent les vents généraux. Le sol bas et plat de cette partie du littoral n'offrant point aux eaux un écoulement suffisant vers la mer, il en résulte que depuis le Fort-Dauphin jusqu'au cap de

l'Est, elles envahissent toute la côte sur une largeur
d'environ 16 kilomètres, et y forment de nombreux
marais. En janvier et février, lorsque les chaleurs
arrivent et dessèchent une partie de ces marais, où
beaucoup de matières animales et végétales sont en
décomposition, il s'exhale de leur sein des miasmes
délétères que les vents, arrêtés par les montagnes et
les forêts du littoral, ne peuvent emporter au loin,
et qui, retenus ainsi dans les lieux mêmes où ils
se forment, engendrent, notamment à Manghafia,
à Angoutsy, à Tamatave, à Foulpointe et à Sainte-
Marie, les fièvres meurtrières qui y règnent particulièrement à cette époque.

L'influence de ces miasmes ne s'étend pas toutefois
à plus de 40 à 48 kilomètres dans l'intérieur. Le sol
alors devient plus élevé, l'air plus frais et le pays
plus sain. Le littoral du nord de Madagascar n'est
point exposé à la même insalubrité : on y trouve au
contraire des plateaux élevés, parfaitement exposés
aux brises de la haute mer ; les forêts y sont éloi-
gnées du rivage ; les marais sont rares et peu étendus,
les pluies moins fréquentes, et la température plus
sèche que dans l'est. Les marins qui visitent ces
parages, et qui y restent quelquefois pendant toute la
durée de l'hivernage, s'accordent à dire qu'il n'y règne
ni fièvres, ni autres maladies endémiques ou épidé-
miques à aucune époque de l'année.

Ces considérations ont déterminé le gouvernement
français à fonder deux établissements, l'un à Mayotte,
l'autre à Nossi-Bé (1), deux îles du canal de Mozambique, au nord de Madagascar. Ces deux îles sont
dans des conditions de salubrité parfaite. — Voici la
description qu'un capitaine de navire du commerce
fait de Mayotte. « Rien n'est plus beau que l'intérieur

(1) Nossi-Bé ou Hellville est située sur la côte N.-O. de Madagascar ;
elle a 32 kilomètres de circonférence et 4,000 hectares de superficie.

de cette île. Presque toutes les baies ont des rivières où des bateaux d'un assez fort tonnage peuvent entrer. Elle est sillonnée par une infinité de ruisseaux, dont quelques-uns sont assez forts pour faire tourner des moulins. — Comme point militaire, Mayotte est de la plus haute importance. Son port doit être considéré comme un des plus beaux du monde, et l'on peut dire qu'il entoure l'île, puisque partout il y a bon mouillage, et que les navires y sont à l'abri. »

Le même capitaine ajoute qu'il a séjourné à Mayotte et à Nossi-Bé pendant plus d'un an, que les hommes de son équipage y ont été constamment occupés aux plus rudes travaux, et qu'aucun d'eux n'a été malade; ce qui ne serait certainement pas arrivé s'il fût resté aussi longtemps à Sainte-Marie, ou même dans nos îles des Antilles.

Ces nouveaux établissements sont encore trop récents pour qu'il soit possible de juger d'une manière certaine de leur importance pour l'avenir; cependant tout fait espérer qu'ils seront très-favorables à notre commerce dans ces parages.

# CHAPITRE XII

HISTOIRE.—Après plusieurs tentatives infructueuses
faites sous François I<sup>er</sup> et sous Henri IV pour procurer à la France le commerce des Indes, les Français parvinrent à y fonder un établissement en 1624;
mais ce début ne fut pas heureux, et la compagnie
qui avait formé l'entreprise fut ruinée. Cet échec ne
découragea ni les navigateurs ni le gouvernement.
En 1641, le cardinal de Richelieu créa une nouvelle
compagnie des Indes, dans le but principal de réduire
et de coloniser Madagascar. Cette entreprise, comme
nous l'avons vu, n'aboutit qu'à des désatres. Cependant Colbert ne fut point arrêté par les résultats malheureux d'efforts prolongés pendant plus d'un siècle
et demi. En 1664, il reconstitua sur de meilleures
et de plus larges bases la *Compagnie des Indes orien-*

. *tales*, créée par Richelieu. Le monopole du commerce de l'Inde pendant cinquante ans fut accordé à cette compagnie, qui réunit bientôt un fonds de 15,000,000. Dans le commencement elle déploya une grande activité. Deux expéditions successives furent entreprises pour renouveler les tentatives de colonisation précédemment faites à Madagascar; mais ces expéditions n'ayant pas réussi, on renonça aux projets formés sur cette île, et le commerce direct avec l'Inde fut repris et continué avec ardeur.

En 1668, un ancien négociant, Français d'origine, nommé Caron, homme actif et expérimenté, devint chef de la Compagnie des Indes orientales. Il choisit d'abord Surate pour en faire le centre de toutes les affaires de notre commerce dans l'Inde; mais cette ville ne répondit point à l'idée qu'il s'était formée pour un établissement principal. Il voulait un port indépendant au centre même de l'Inde, dans l'un des lieux où croissent les épices. Il jugea que la baie de Trinquemalé, dans l'île de Ceylan, réunissait les conditions qu'il cherchait. Elle appartenait alors aux Hollandais; mais comme la France était alors en guerre avec cette nation, Caron attaqua Trinquemalé et s'en empara. Les Hollandais ne tardèrent pas à le lui reprendre, et Caron passa alors à la côte de Coromandel. Il s'y empara, en 1672, de Saint-Thomé, ville portugaise, depuis douze ans au pouvoir des Hollandais; mais ceux-ci, deux ans après, contraignirent encore les Français à leur restituer cette conquête.

Cet événement aurait porté le dernier coup à la compagnie, dont les affaires étaient d'ailleurs en mauvais état, si l'un de ses agents, nommé François Martin, n'eût recueilli les débris des colonies de Ceylan et de Saint-Thomé, composés d'une soixantaine de Français, pour en peupler la petite bourgade

de Pondichéry, qu'il avait achetée en 1683 du souverain du pays, ainsi que le territoire environnant,
avec les fonds de la compagnie. Martin fortifia Pondichéry, et, grâce à son excellente administration, la
petite colonie s'accrut et donna bientôt les plus belles
espérances.

Jaloux de l'état prospère de l'établissement nais-
sant, les Hollandais vinrent l'attaquer en 1693. Après
s'y être défendu avec beaucoup de courage, Martin
se vit contraint de capituler ; et le 5 septembre 1693,
la ville fut remise aux Hollandais, qui en achevèrent et
en augmentèrent les fortifications. Le traité de Riswick
rendit Pondichéry aux Français, qui reçurent la ville
dans un bien meilleur état qu'ils ne l'avaient livrée.

Le gouvernement de Pondichéry fut de nouveau
confié à Martin. En 1699, cette ville devint le chef-
lieu des possessions françaises dans l'Inde. La sage et
habile administration de Martin réussit à en faire le
centre d'un riche commerce, et l'une des villes les plus
importantes que les Européens possédassent en Asie.

Une foule de Français accoururent bientôt sur le
continent indien, et de nouveaux comptoirs s'y formèrent. Dès 1688, Chandernagor avait été cédé par
Aureng-Zeb à la compagnie française des Indes orientales ; en 1727, cette compagnie obtint la cession de
Mahé ; en 1739, elle acheta Karikal du roi du Tan-
jaour ; et, en 1752, Yanaon et Mazulipatam, dont
les Français s'étaient emparés deux ans auparavant,
lui furent définitivement cédés.

Les gouverneurs généraux des établissements français dans l'Inde, MM. Dumas et Dupleix, concou-
rurent puissamment, de 1735 à 1754, à la prospérité
de ces intéressantes possessions. Entre autres concessions avantageuses, M. Dumas obtint du Grand-Mogol
le privilége de battre monnaie à Pondichéry, ce qui
valut à la compagnie un bénéfice annuel de 4 à

500,000 francs. Nommé vers 1730 gouverneur de Chandernagor, M. Dupleix tira, pour ainsi dire, cet établissement du néant, et en moins de douze années il parvint à en faire une place de commerce fort importante. La ville de Pondichéry, dont le gouvernement lui fut confié en 1742 avec celui de nos autres établissements, lui dut également le plus haut point de splendeur où elle soit parvenue. Ce fut sous le gouvernement de cet administrateur que nos possessions et notre puissance dans les Indes orientales atteignirent leur plus grand accroissement.

Les Anglais, à qui M. de Labourdonnais, avec une escadre composée d'un seul vaisseau de guerre et de cinq navires marchands armés en guerre, avait enlevé Madras le 10 novembre 1746, vinrent, par représailles, mettre le siége devant Pondichéry, le 13 avril 1748, avec 13 vaisseaux de guerre, 19 bâtiments de transport, et une armée de 8 à 9,000 hommes. M. Dupleix, quoique avec des forces bien inférieures, défendit la place avec vigueur, et après quarante-deux jours de tranchée ouverte il força les Anglais à lever le siége. Cette belle défense porta au plus haut point l'honneur du nom français chez les nations de l'Inde.

La paix d'Aix-la-Chapelle, conclue la même année, fit cesser les hostilités. Elle permit au commerce de reprendre son essor, et à M. Dupleix d'étendre la domination française dans l'Inde. En 1758, outre les comptoirs de Mahé, de Yanaon et de Chandernagor, avec leurs annexes, la Compagnie des Indes orientales possédait, sur les côtes de Coromandel ét d'Orixa : 1° Pondichéry, dont le territoire, occupant un littoral de 40 kilomètres, sur une profondeur à peu près égale, renfermait environ 500,000 habitants, et dont les revenus s'élevaient à 5,000,000; 2° Karikal, dont le domaine était à peu près égal en étendue; 5° Mazulipatam avec le Condovir, l'île de Divy et les

quatre provinces de Montfanagar, d'Ellour, de Râjâ-
mandrâ et de Chicakol, c'est-à-dire une étendue de
pays de 520 kilomètres de longueur, sur 60, 80 et
100 kilomètres de largeur, dont les revenus s'élevaient en totalité à 10,247,350 livres tournois en
1757; 4° enfin l'île de Séringam, formée par deux bras
du Cavéry, que sa situation et sa fertilité rendaient
extrêmement précieuse. Ces différents établissements,
qu'une armée nombreuse et bien disciplinée faisait
respecter, donnaient annuellement un revenu total
de 18,000,000.

Cette prospérité ne dura pas. La guerre recom-
mença avec l'Angleterre en 1758. L'amiral anglais
Saunders, aidé du colonel Clives, s'empara de Chandernagor; cette perte fut suivie de tous les autres
comptoirs secondaires. Dupleix, calomnié, fut rappelé
en France. Lally, Irlandais d'origine, fut son successeur; il arriva en 1758 à Pondichéry, avec l'amiral
Aché. Ses premières expéditions furent heureuses;
mais après le départ de la flotte, les Anglais firent des
progrès rapides. Pondichéry fut assiégé et obligé de se
rendre le 15 janvier 1761. Les Anglais démolirent les
fortifications de cette ville, et tous les Français furent
embarqués pour l'Europe. La perte de Pondichéry et
de nos autres établissements mit fin dès lors à la
prépondérance que nous avions jusque-là exercée
dans l'Inde.

Les réclamations des Français chassés de Pondichéry décidèrent les ministres de Louis XV à ordonner
une enquête sur la conduite du gouverneur. Lally fut
mis en jugement, condamné à mort et décapité.

La paix de 1763 fit rentrer Pondichéry sous la
domination française, mais avec un territoire bien
moins étendu. Mahé, Chandernagor, Karikal et nos
autres comptoirs du Bengale nous furent également
restitués.

Quinze années de paix permirent à la ville de Pondichéry de recouvrer son ancienne splendeur. La suppression du privilége exclusif de la Compagnie des Indes, la faculté accordée à tout sujet français de trafiquer au delà du cap de Bonne-Espérance, et la bonne administration du nouveau gouverneur, Law de Lauriston, contribuèrent à cette prospérité nouvelle, dont le cours ne devait pas être de longue durée.

Les Anglais préludaient par quelques conquêtes secondaires à l'établissement de leur colossal empire dans l'Inde. Les princes indiens se confédérèrent contre eux à diverses reprises, et trouvèrent naturellement auprès des Français, sinon des secours actifs, du moins d'utiles conseils et des munitions.

La guerre éclata de nouveau entre la France et l'Angleterre, et en 1778 Pondichéry tomba avec tous nos établissements de l'Inde au pouvoir des Anglais. Le bailli de Suffren et le marquis de Bussi furent envoyés dans l'Inde; ils y arrivèrent au moment où l'allié de la France, le prince des Marattes, Haïder-Ali, remportait quelques avantages importants sur l'ennemi commun. Les victoires navales du bailli de Suffren, les combats glorieux de Bussi rétablirent les affaires des Français; Haïder mourut au milieu de son armée; mais son fils et son successeur, le célèbre Tippo-Saëb, resta fidèle à l'alliance française et continua la guerre.

De nouveaux succès, plus glorieux encore que les premiers, faisaient présager la ruine des Anglais, lorsque la paix de 1783 mit un terme aux hostilités. Pondichéry et nos autres établissements nous furent rendus, mais aux conditions restreintes du traité de 1763.

Les guerres de la Révolution fournirent bientôt aux Anglais un nouveau prétexte d'attaquer nos établissements. Ils s'emparèrent en 1793 de Pondichéry, qui, n'ayant qu'une faible garnison de 1,500 hommes, se défendit néanmoins pendant quarante-un jours de tranchée ouverte contre 23,000 hommes, dont 6,000 soldats anglais. La chute de Pondichéry entraîna celle de nos autres possessions que les Anglais ont conservées jusqu'à la paix de 1814.

Après avoir détruit la puissance française dans l'Inde, les vainqueurs songèrent à renverser Tippo-Saëb, qui se montrait encore un brave allié des Français; la lutte fut opiniâtre et dura six années. La fortune de Tippo-Saëb eut des chances diverses; il reçut quelques légers secours qui lui furent envoyés de l'Ile-de-France. L'expédition d'Égypte releva ses espérances; mais enfin, assiégé dans Seringapatnam, sa capitale, par deux armées anglaises, il fut tué sur la brèche. En lui finit l'empire des Marattes. Son royaume de Mysore est aujourd'hui une province anglaise.

Pendant les guerres de la Révolution et de l'Empire, et quoique la France n'eût conservé aucune possession sur le territoire indien, on vit néanmoins notre pavillon flotter d'une manière brillante dans les mers de l'Inde. Notre marine fit éprouver de grandes pertes au commerce anglais. Les noms de Robert Surcouf, l'intrépide corsaire, des contre-amiraux Sercey et Linois ont laissé de glorieux souvenirs.

Le traité de 1814, qui a restitué définitivement à la France ses possessions dans l'Inde, contient, entre autres clauses, que « la France s'engage à ne « faire aucun ouvrage de fortifications dans les éta- « blissements qui lui sont restitués, dans les limites « de la souveraineté britannique sur le continent des « Indes, et à ne mettre dans ces établissements que « le nombre de troupes nécessaire pour le maintien « de la police. » La reprise de possession n'en a été effectuée qu'à la fin de 1816 et au commencement de 1817.

Ces établissements se bornaient alors et se bornent encore aujourd'hui à des fractions de territoires isolées les unes des autres et disséminées sur les côtes de Coromandel, d'Orixa et du Malabar, et dans le Bengale. Leur population totale s'élève à environ 167,700 individus, dont 980 Européens. La superficie de leurs territoires réunis peut avoir 400 à 416 kilomètres carrés.

Nos colonies indiennes ne sont ni des établissements militaires, ni des exploitations de cultures coloniales ; ce ne sont que de simples colonies de commerce, mais tout à la fois utiles à notre commerce et à notre marine. C'est un pied-à-terre dans un pays où les Français, aussi aimés des Indiens que les Anglais en sont détestés, peuvent être encore appelés à jouer un rôle important. Et d'ailleurs ces établissements, loin d'être à charge à la métropole, comme la plupart de nos autres colonies, lui rapportent des bénéfices, comme nous le verrons plus loin.

TOPOGRAPHIE. — Les possessions françaises de l'Inde sont toutes situées dans la presqu'île en deçà du Gange. Ces établissements sont :

1° Sur la côte de Coromandel, *Pondichéry* et son territoire, composé des districts de Pondichéry, de Villenour et de Bahour ; *Karikal* et les maganons ou districts qui en dépendent ;

2° Sur la côte d'Orixa, *Yanaon*, son territoire et les aldées ou villages qui en dépendent ; la loge (1) de *Mazulipatam ;*

5° Sur la côte du Malabar, *Mahé* et son territoire ; la loge de *Calicut ;*

(1) On donnait, sous le régime de la Compagnie des Indes, le nom de *loges* à des factoreries ou établissements isolés comprenant une maison avec un terrain adjacent, où la France avait le droit de faire flotter son pavillon et de former des comptoirs. Ce nom a été conservé.

4° Au Bengale, *Chandernagor* et son territoire; les cinq loges de *Cassimbazar, Jougdia, Dana, Balassor* et *Patna;*

5° Dans le Goudjérate, la factorerie de *Surate.*

La France possède en outre le droit d'établir des factoreries à Mascate et à Moka.

Pondichéry est situé sur la côte de Coromandel, dans la province de Carnate, par les 11° 55' de latitude nord, et les 77° 31' de longitude est, à 120 kilomètres de Madras, à 1,600 kilomètres de Calcutta, à 4,080 kilomètres de l'île Bourbon, et à 17,000 kilomètres des côtes de France. Cette ville, qui comptait sous Dupleix 150,000 habitants, ne renferme plus aujourd'hui que 45,000 Indiens et 400 Européens. Elle est toujours, comme autrefois, le chef-lieu des établissements français de l'Inde et la résidence du gouverneur de ces établissements. La ville est régulièrement bâtie, et se divise en deux parties, la *ville Blanche* et la *ville Noire*, qui sont séparées par un canal. A l'est, et sur le bord de la mer, est la ville Blanche, où habitent les Européens; elle renferme 4 à 500 maisons, la plupart élégantes et bien entretenues; ses rues sont tirées au cordeau et se coupent à angles droits; les principales sont bordées d'arbres. A l'ouest est la ville Noire, habitée par les indigènes; elle contient environ 4,000 habitations, la plupart construites en briques. Il existe à Pondichéry quelques édifices remarquables : l'église des Missions-Étrangères, l'hôtel du gouvernement et deux pagodes; on y remarque aussi une fort belle place et de très-beaux boulevards plantés d'arbres. Les bazars qui y ont été construits en 1827, et le phare qu'on y a élevé en 1836, méritent aussi d'être mentionnés. La ville n'a point de port, mais une rade ouverte où la mer brise sans cesse, et forme une barre qui rend les débarquements difficiles en temps ordinaire, et

souvent dangereux pendant la mousson du N.-E.
Cette barre ne peut être franchie que par des embarcations à fond plat, appelées dans le pays *chelingues*.
Ces bateaux sont d'une construction singulière ; leur
forme est celle d'une barque grossière ; ils n'ont point
de membrures ; les planches qui les composent ne
sont pas clouées, mais elles sont ajustées, cou-
sues et doublées avec l'écorce du cocotier. Leur flexi-
bilité est telle, que leurs bordages cèdent facilement
au battement des vagues, qui perdent ainsi leur violence en trouvant moins de résistance. Aussi ces
bateaux bravent la marée, quelque redoutable qu'elle
soit, tandis qu'aucune chaloupe européenne n'a
jamais pu s'y risquer sans être aussitôt mise en
pièces.

Le territoire de Pondichéry se divise en trois
districts, savoir : 1° le district de *Pondichéry* proprement dit, qui contient, outre la ville, onze aldées
(c'est le nom que les Indiens donnent à leurs villages
ou bourgs) ; 2° le district de *Villenour*, qui contient
45 aldées ; 3° celui de *Bahour*, qui en contient 36.

Ces aldées, surtout aux environs de Pondichéry,
sont pour la plupart très-jolies. Elles sont environ-
nées de bois épais et très-hauts, qui les mettent à
l'abri des vents chauds qui soufflent dans une certaine saison. Ces bois renferment beaucoup d'arbres
à fruits. Les rues et les maisons sont propres et bien
entretenues ; ces maisons sont petites et n'ont qu'un
rez-de-chaussée ; la plupart sont construites en terre
et recouvertes en chaume ou en tuiles. Souvent, de
chaque côté de la rue et près des maisons se trouvent
des allées de cocotiers et de palmiers dont le tronc
est peint, jusqu'à une certaine hauteur, de diverses
couleurs, ce qui donne au village un aspect riant,
agréable et varié.

La ville de *Karikal* est située à 120 kilomètres au

sud de Pondichéry. On évalue la population indienne de cette ville à 15,000 individus, qui s'occupent spécialement de la fabrication des toiles dont les Européens font le commerce.

Le territoire de Karikal se divise en cinq districts ou *maganons*, renfermant 109 aldées, dont la plus considérable, dite la *Grande-Aldée*, peut avoir une population de 8,000 âmes.

Le comptoir d'*Yanaon* est situé dans la province de Golconde, à 560 kilomètres N.-N.-E. de Pondichéry. Bâtie à l'endroit où la rivière de Coringuy se sépare du Godavéry, cette ville est bornée à l'est et au sud par l'une et l'autre de ces deux rivières. Sa population est évaluée à environ 4,000 âmes. On trouve à Yanaon des ateliers de construction pour les vaisseaux marchands. La ville doit à sa position d'être l'entrepôt des pays voisins. Le territoire qui l'entoure est sain et bien cultivé. Il y existe de belles plantations de riz et d'indigo. C'est d'Yanaon que l'on tire la plupart des Indiens engagés pour remplacer les nègres dans nos colonies de plantations, à Bourbon et aux Antilles. L'introduction de ces nouveaux travailleurs peut amener une révolution heureuse dans nos cultures coloniales, surtout si, au lieu de simples engagements temporaires, on décide les Indiens à une expatriation définitive; nos colonies ne s'apercevraient bientôt plus de la suppression de l'esclavage; elles ne pourraient même que gagner, en substituant à des noirs peu disposés au travail depuis qu'ils ont recouvré leur liberté, une population libre, de mœurs douces, d'un caractère patient et ferme, depuis longtemps élevée dans des habitudes laborieuses. Ajoutons que, si pour l'intelligence et l'activité les Indiens l'emportent de beaucoup sur la population nègre, ils ont encore des avantages immenses sur les travailleurs européens que l'on a aussi tenté d'introduire dans nos colonies des Antilles : c'est d'être acclimatés à une température tropicale, souvent mortelle pour les cultivateurs venus de France, et d'être déjà accoutumés à un genre de culture complétement ignoré de ces derniers. Si, comme tout le fait espérer, l'élan donné à ces migrations laborieuses se soutient, un avenir nouveau et plus prospère peut-être que jamais s'ouvre pour nos anciennes colonies à esclaves, tandis que d'un autre côté l'Inde se débarrassera du trop plein de sa population.

A 48 kilomètres d'Yanaon se trouve la fameuse pagode de Jaggernaut, dédiée au dieu Jagat-Naltra (maître du monde), sous le char duquel les fanatiques tiennent à honneur de se faire écraser..

*Loge de Mazulipatam.* — Des vastes domaines français dont la ville de *Mazulipatam* était autrefois le chef-lieu, il ne reste plus aujourd'hui à la France dans cette ville, dont les Anglais sont en possession depuis 1769, qu'une loge avec le droit d'y faire flotter notre pavillon. Le chef du comptoir d'Yanaon y entretient seulement un préposé indigène avec un Indien subalterne pour la garde de notre pavillon.

Mahé, sur la côte de Malabar, dans le royaume de Cartenate, est aujourd'hui un établissement de peu d'importance. Son territoire n'a que 8 kilomètres de rayon, et sa population ne dépasse pas 6,000 individus, presque tous indigènes. Le seul commerce qui s'y fasse est celui du poivre, de la cannelle et des bois de senteur.

A 52 kilomètres au sud de Mahé, et sur la même côte, se trouve la ville indo-anglaise de Calicut, où la France possède une loge, qui n'est occupée que par un gardien.

Chandernagor est situé dans le Bengale, sur le bras du Gange appelé l'*Ougly*, par les 22° 50' de latitude nord, et les 86° 9' de longitude est. Cette ville est à 28 kilomètres au-dessus de Calcutta, la capitale de l'empire anglo-indien, à 1,600 kilomètres au N.-E. de Pondichéry, à 5,010 kilomètres de l'île Bourbon, et à 18,000 kilomètres du port de Brest. La population est d'environ 42,000 habitants. C'est toujours le principal établissement français dans le Bengale, mais il est malheureusement bien déchu de son ancienne prospérité. Ce poste est aujourd'hui absolument sans importance, et tout à fait enclavé au milieu des plus riches possessions anglaises du Bengale.

La ville est dans une position pittoresque, sur une colline qui domine le fleuve; ses rues sont régulières, droites, et se coupent à angles droits; ses maisons blanches et bien construites; mais des quartiers déserts, un grand nombre d'édifices inhabités, un port vide de navires, un quai sans marchandises, tel est le triste aspect que présente cette cité qui, il y a soixante-dix ans, était une rivale redoutable pour Calcutta. — Aujourd'hui Calcutta, brillante de tout le luxe européen, de toute la richesse indienne, dotée des trésors de l'Indoustan et des tributs de tout le commerce asiatique, compte plus de 700,000 habitants.

Le territoire de Chandernagor, dont la superficie est évaluée à 942 hectares, ne renferme que quelques petites aldées. Les loges de *Balassor*, de *Dana*, de *Cassimbazar*, de *Patna* et de *Jougdia*, consistent chacune en une maison avec un petit territoire habité par des Indiens; elles sont toutes situées dans des villes indo-anglaises dont elles portent le nom. Ces cinq loges ne sont plus occupées.

La *factorerie de Surate*, située dans la ville indo-anglaise de ce nom, à 1,460 kilomètres ouest de Chandernagor, a été occupée, à dater de 1819, par un agent français qui y est mort en 1823, et qui n'a

point été remplacé, attendu la cessation absolue des
relations commerciales que la France entretenait
autrefois avec ce pays. Un gardien et un pion l'occupent seuls aujourd'hui. Le jardin de cette factorerie
et les pavillons qui en dépendent sont loués en ce
moment pour la somme de 2,000 francs.

MÉTÉOROLOGIE. — *Climat.* — La chaude température du pays est accablante pour les Européens,
qu'énerve promptement une atmosphère humide et
embrasée. Quelques années passées aux Indes orientales, disent les Anglais, abrégent la vie de moitié.
Cette appréciation est exagérée; sans doute il est difficile aux Européens de s'acclimater dans ces parages;
cependant on y parvient si l'on sait s'abstenir de tout
excès et suivre les règles d'hygiène appropriées à la
nature du climat et au tempérament de chaque
individu.

*Vents moussons.* — Dans les mers de l'Inde, au
nord de la ligne, des vents réguliers connus sous le
nom de *moussons* soufflent alternativement du S.-O.
et du N.-E. pendant six mois, et partagent l'année en
deux saisons : l'hivernage, ou la saison des pluies;
l'été, ou la saison des sécheresses. Ces deux saisons
ne sont point les mêmes pour toutes les contrées de
la presqu'île en deçà du Gange. Elles n'arrivent ni
aux mêmes époques, ni avec une même mousson :
l'une règne à la partie orientale, tandis que l'autre
s'étend sur les pays de l'ouest; la chaîne des Gates,
en s'élevant au milieu, forme la ligne de démarcation
de chaque côté de laquelle elles s'arrêtent.

POPULATION. — *Éléments dont elle se compose.* —
La population des établissements français de l'Inde
se compose : 1° d'Européens et de descendants
d'Européens; 2° de *Topas,* ou *gens à chapeaux,*
population mixte provenant de l'union des Européens et particulièrement des Portugais avec les

femmes indiennes; 5° d'Indiens ou aborigènes libres.

La population de l'Inde française n'a aucune analogie avec la population des autres colonies françaises. Les Indiens ont des mœurs, des coutumes qui non-seulement ne ressemblent en rien aux nôtres, mais qui diffèrent dans chacun de nos établissements. Sans doute, la division fondamentale des castes indiennes n'y varie point, et l'on retrouve toujours la caste sacerdotale ou celle des *Brahmanes*, la caste militaire et royale ou celle des *Kchatriyas*, la caste commerçante et agricole ou celle des *Vaisyas*, et la caste servile ou celle des *Soudras*, indépendamment des *Maures* ou *Musulmans*, et des *Parias*, qui ne sont d'aucune caste; mais chacune des castes se subdivise de telle sorte, qu'à Chandernagor seulement on compte cinquante-deux subdivisions. La ligne de démarcation qui sépare les diverses castes est d'ailleurs tellement prononcée, qu'aucune espèce de fusion n'a lieu entre elles. Enfin, outre la division générale des castes, il y a les divisions et subdivisions des sectes, qui contribuent encore à détruire tout caractère d'unité dans les populations indiennes.

*Religion.* — Les Indiens professent presque tous la religion de Brahma, ou le brahmanisme. Quelques-uns en petit nombre sont mahométans; mais ils paraissent d'origine étrangère au pays. Le christianisme n'a fait encore que peu de progrès parmi les Indiens; cependant les efforts des missionnaires français obtiennent plus de succès depuis quelque temps.

*Constitution, caractères.* — Les Indous des castes supérieures sont généralement d'une couleur jaune-cuivré; dans les castes inférieures, on remarque quelques familles où le teint a pris une couleur verdâtre, et d'autres dont la peau est d'une couleur noir-clair. Mais, à part ces légères différences dans la couleur de l'épiderme, la figure des Indous est très-régulière, et ressemble en tout à celle des Européens. Elle a même quelque chose de plus grave, de plus antique, et se rapproche davantage des belles proportions qu'on accorde aux anciens Grecs.

Les Indous forment un peuple paisible, superstitieux et charitable. Toujours subjugués, toujours patients, toujours soumis, ils ont été, quoique braves naturellement, plusieurs fois conquis, jamais conquérants. Ils ont été vaincus par des peuples moins nombreux, mais hardis et résolus. Les Indous des provinces voisines de la mer sont d'une constitution plus faible et plus délicate que ceux des provinces centrales.

*Dépenses et recettes.* — Nos possessions coloniales dans l'Inde, si elles ne sont pas importantes, ne coûtent rien du moins à la métropole ; car, outre les droits de douanes et autres revenus domaniaux et territoriaux qu'elles perçoivent, et qui suffisent au delà pour couvrir les dépenses d'administration et de gouvernement local, la compagnie anglaise des Indes orientales leur constitue une rente de 4 *lacks de roupies sicca,* équivalant à 1,010,800 francs, en échange de divers priviléges qui étaient autrefois attribués à notre administration dans ce pays, sur la vente du sel et de l'opium.

*Commerce.* — Il existe dans les mers d'Asie deux sortes de commerce : le commerce dit d'Inde en Inde, et le commerce avec l'Europe.

Le commerce d'Inde en Inde est celui qui offre à nos établissements, et surtout au port de Pondichéry, le plus d'éléments d'activité. Il consiste en un grand cabotage, au moyen duquel les différents points de ces vastes contrées, depuis la mer Rouge et le golfe Persique jusqu'aux côtes du Pégu, de la Cochinchine et des îles de la Sonde, échangent entre eux les matières premières ou les produits fabriqués provenant de leur sel ou de leurs manufactures. Ce commerce a l'avantage de pouvoir réaliser deux opérations par an.

Le commerce de nos possessions indiennes avec la France, quoique moins actif que celui d'Inde en Inde, est encore chaque année d'une importance d'environ 4,000,000 de francs.

Les objets d'exportation de notre territoire indien sont des toileries, et particulièrement des toiles bleues dites *guinées*, qui sont fort recherchées sur la côte d'Afrique ; des mouchoirs dits de Madras, qui trouvent un débouché à Bourbon et à l'île Maurice ; de l'indigo, du poivre, des peaux brutes et sèches, des cornes de cerf et de buffle, des dents d'éléphant, du sucre et des drogueries, de la cannelle, de l'opium, etc. — On y importe de France tous les produits propres aux pays chauds ; mais comme on a à soutenir la concurrence des Anglais et des Hollandais, il convient que les expéditions soient composées de marchandises de première qualité et parfaitement conditionnées.

# CHAPITRE XIII

### ÉTABLISSEMENTS FRANÇAIS DANS L'OCÉANIE.

#### Les îles Marquises. — Les îles de la Société.

Les établissements que la France possède dans l'Océanie ne sont que de simples colonies de relâche destinées à ravitailler nos navires baleiniers ou les bâtiments de commerce qui pourraient naviguer dans ces parages lointains. Ces établissements n'ont été formés que depuis une dizaine d'années, et ils sont loin d'avoir acquis tout le développement qu'ils auront dans la suite. — Leur peu d'importance actuelle ne nous permet en quelque sorte que de les indiquer, sans entrer dans des détails aussi étendus que nous l'avons fait pour nos autres possessions.

Ces établissements ont été formés aux *îles Marquises* et aux *îles de la Société*.

Les îles Marquises sont un groupe d'une quinzaine d'îles qui forme un archipel, dit aussi de *Mendana*, entre les 8° et 10° de latitude sud, et les 140° et 142° de longitude ouest du méridien de Paris. La France a pris possession en mai et juin 1842 de la partie sud-ouest et nord-ouest de cet archipel, et a formé des établissements à l'île de *Tahuata*, baie de *Vaïtahu*, et à l'île de *Noukahiva*, baies de *Taiohae* et de *Kakapehi*. Les parties de territoire occupées par la France lui ont été cédées en vertu de traités passés avec les indigènes, qui y reconnaissent notre souveraineté absolue. — Les îles Marquises ont été désignées par une loi pour servir de lieu de déportation à certains condamnés politiques.

Aux îles de la Société, la France n'est pas complétement souveraine. Par le traité passé le 9 septembre 1842 entre la reine Pomaré et l'amiral Bruat, la reine déclare accepter la protection de la France, en conservant la souveraineté intérieure de l'île de Taïti, et en laissant à la France la souveraineté extérieure.

Quelques difficultés s'élevèrent sur l'interprétation de ce traité, qui avait été ratifié par le gouvernement français ; des mouvements insurrectionnels eurent lieu ; mais ils furent réprimés par les armes et par la fermeté des autorités françaises de l'île.

Dès que le calme fut rétabli, on s'occupa d'améliorer le port de Papéiti, le plus remarquable de ces parages. Les Français y ont fait construire une calle de carénage où les bâtiments de guerre et de commerce peuvent être réparés. Dès 1843, 67 baleiniers et 19 bâtiments de commerce avaient relâché dans ce port. Dès lors son importance s'est considérablement accrue, surtout depuis la découverte des mines d'or de la Californie et de l'Australie.

Taïti, se trouvant placé sur la route de San-Francisco à Sidney, devient un point de relâche forcé pour les nombreux bâtiments de commerce de toutes nations qui font maintenant ce voyage. Aussi le port de Papéiti est-il de plus en plus fréquenté tous les jours, et il s'y fait un commerce actif des productions du pays contre l'or de l'Australie ou de la Californie, et les produits de l'industrie européenne.

# CHAPITRE XIV

Les colonies et les découvertes considérées comme moyen de civilisation chrétienne. — Les missionnaires. — Leurs premiers travaux à la suite des navigateurs portugais et espagnols. — Les différents ordres religieux qui prennent part aux missions. — Les Jésuites. — Congrégation de la Propagande.— Congrégation des Missions - Étrangères établie à Paris en 1663.— Avantages que procurent les missions à la nation qui les protége. — Quelques traits de la vie de Las Casas. — Esclavage des noirs.— Influence des missionnaires sur leur civilisation. — Principales congrégations de France qui se consacrent aux missions. — Missions-Étrangères. — Lazaristes. — Séminaire de Picpus. — Société des prêtres de la Miséricorde.— Congrégation du Saint-Esprit. — Établissements ecclésiastiques et religieux dans nos colonies. — Nouveaux évêchés. — Association pour la Propagation de la foi. — Conclusion.

Dans les chapitres précédents, nous avons fait connaître l'origine, la nature et les diverses espèces de colonies; nous avons jeté un coup d'œil sur les établissements transmaritimes fondés par les nations étrangères; nous avons vu que la France avait eu une large part dans ces lointaines et périlleuses entreprises, et que si elle avait perdu ses colonies les plus belles et les plus productives, ce n'était point par suite de son impuissance de coloniser, comme on l'en a souvent accusée; enfin, nous avons examiné, dans des articles spéciaux consacrés à chacune de nos colonies, les avantages qu'elles procurent à la métropole, soit par les productions de leur sol, soit par les ressources qu'elles offrent au commerce national et à la navigation.

Mais il est un autre point de vue bien plus important encore sous lequel nous devons envisager les colonies, et ces voyages de découvertes auxquels se

sont livrés les hardis navigateurs qui depuis la fin
du xvᵉ siècle jusqu'à nos jours n'ont cessé de sillon-
ner en tous sens les mers du globe, et d'explorer les
contrées que les glaces polaires ou les feux brûlants
du midi semblaient devoir à jamais rendre inacces-
sibles. Ce n'est pas seulement pour échanger entre
les divers climats les productions particulières à
chacun d'eux que les Européens ont fondé des villes,
creusé des ports, soumis à leur pouvoir des peuples
inconnus; ce n'est pas seulement pour satisfaire une
vaine curiosité ou pour étendre le domaine de la
science, que leurs vaisseaux ont abordé à tous les .
rivages, touché à tous les points du globe, et que leurs
voyageurs ont parcouru dans toutes les directions
l'intérieur des continents et des îles. La divine Pro-
vidence avait assigné à ces établissements, à ces
pérégrinations lointaines, un but bien autrement
élevé et souvent bien différent de celui que se propo-
saient la plupart des aventuriers qui les avaient entreprises. L'ambition, la cupidité, l'amour de l'or, de
la gloire ou d'une vaine renommée, voilà les mobiles
qui les poussaient loin de leur patrie; mais Dieu
voulut faire tourner au profit de sa religion et de la
civilisation chrétienne ces passions elles-mêmes, et
sur les vaisseaux que montaient ces farouches guer-
riers, ces conquérants (*conquistadores*) insatiables
de richesses, de puissance et d'honneurs, il plaça des
hommes au cœur simple et humble, des hommes qui
avaient renoncé à tous les biens de ce monde, et dont
toute l'ambition était de conquérir des âmes à Dieu
et de jeter en tout lieu la semence de l'Évangile. Les
uns apportaient aux Indiens l'esclavage et la guerre,
les autres leur apportaient la paix et la vraie liberté.

On a déjà compris que nous voulons parler des
missionnaires catholiques, dont les travaux apostoliques se lient tellement aux découvertes des naviga-

teurs et aux colonies fondées par les Européens, qu'ils font en quelque sorte partie intégrante de l'histoire de ces découvertes et de ces colonies. Mais pour traiter d'une manière complète un sujet aussi intéressant, il faudrait un livre beaucoup plus volumineux que celui-ci, ou plutôt il faudrait un ouvrage spécial consacré uniquement à *l'histoire des missions catholiques dans les colonies.* Forcé, par le cadre limité dans lequel nous sommes renfermé, de ne traiter que d'une manière très-succincte un sujet aussi vaste, nous allons tâcher toutefois d'en donner une idée générale, et cependant suffisante pour exciter chez nos jeunes lecteurs le désir d'en connaître plus tard les détails. Après avoir indiqué sommairement les travaux des missionnaires catholiques à la suite des navigateurs espagnols et portugais, nous ferons remarquer la part des missionnaires français dans l'œuvre évangélique; nous parlerons de l'influence que la religion chrétienne a exercée sur nos colonies, et nous terminerons par le tableau des principales congrégations de France qui se consacrent aux missions, et par l'état actuel du clergé catholique dans nos colonies.

L'ordre donné par Jésus-Christ à ses disciples d'aller annoncer l'Évangile à tout l'univers s'étend à tous les siècles, et l'obéissance à ce commandement n'est pas moins obligatoire aujourd'hui pour les successeurs des apôtres, qu'elle ne l'était pour ceux qui le reçurent directement de la bouche même du divin Sauveur. Jamais, dès son origine, l'Église n'a failli un instant à l'accomplissement de cette prescription. A toutes les époques, dans tous les siècles, les souverains pontifes ont *envoyé* des prêtres prêcher la parole de Dieu aux infidèles et aux idolâtres, et ces *envoyés* ou *missionnaires* (1) ont partout et toujours

(1) Du mot latin *missi*, qui signifie envoyés.

accompli leur tâche avec un zèle ardent et un courage surhumain. Nous ne parlerons pas ici des travaux entrepris par eux pendant les premiers siècles
de l'Église; nous arriverons immédiatement à la fin
du xvᵉ siècle, à l'époque de la découverte du Nouveau-Monde et d'un passage aux Indes par le cap
de Bonne-Espérance.

A peine Vasco de Gama et Christophe Colomb
eurent-ils ouvert ces nouvelles voies à l'activité humaine, que les missionnaires s'élancèrent dans ces
nouvelles routes, et vinrent réparer autant qu'il était
en leur pouvoir les ravages causés par l'ambition et
la soif de l'or. Ainsi, on vit bientôt des missions floris-
santes dans le Nouveau-Monde. Plus tard on s'avança
jusque dans les Indes, la Chine, le Japon, et aujour-
d'hui il n'est aucune partie du monde dans laquelle
la lumière de la foi n'ait pénétré. C'était un beau
spectacle que de voir de jeunes prêtres pleins de
foi et d'enthousiasme renoncer à toutes les jouissances
de la patrie pour aller chercher des infortunes à
consoler, des âmes à ramener à Dieu. Dans leur zèle
surhumain, ils ne connaissaient aucun obstacle, ne
s'effrayaient d'aucune privation, et bien souvent ils
ont étonné par leur audace les navigateurs et les
voyageurs les plus intrépides. « Certes, dit un écri-
vain philosophe de ce siècle, il y a quelque chose de
noble, de généreux, dans ce mouvement qui pousse
ces hommes, sans autre arme que la foi, sans autres
richesses qu'un crucifix, vers des plages lointaines
où ils auront à subir toutes les privations de la vie
sociale, et à braver non-seulement les influences
pernicieuses du climat, mais encore la férocité de ses
habitants, et cela avec la seule perspective d'améliorer
la condition de leurs frères, après les avoir rendus à
la dignité de leur nature!... On leur doit d'avoir pré-
paré l'unité de la famille humaine, dont les membres

épars paraissaient à peine appartenir à la même espèce. Il faut en convenir, si les Thalès, les Pythagore et les Platon, renonçant à la douceur de leur pays natal, par amour pour l'humanité, s'étaient précipités dans de pareils hasards, la philosophie n'eût pas eu assez de louanges à leur prodiguer. »

Les premiers missionnaires qui suivirent la route tracée par les navigateurs portugais et espagnols furent des prêtres appartenant à différents ordres religieux. Les capucins, les dominicains, les carmes déchaussés, se firent particulièrement remarquer par leur zèle et leurs succès. Mais aucune société ne travailla avec autant de persévérance que la Compagnie de Jésus. Les enfants d'Ignace se retrouvent partout, et leurs noms se lient à tout ce qui se fit de grand dans les diverses contrées que l'on cherchait à convertir au christianisme. Les Indes, la Chine, le Japon, le Nouveau-Monde, les virent tour à tour marchant constamment dans la même ligne, et au milieu des plus grandes privations, des plus importants travaux, trouvant le moyen d'utiliser leur science et de nous initier à l'histoire et aux mœurs des peuples parmi lesquels ils vivaient. Qui ne sait tout ce qu'ils ont créé dans le Paraguay? qui n'a entendu parler de saint François Xavier, dont l'âme de feu n'était jamais rassasiée, et qui mourut en regrettant de n'avoir pas assez fait pour la gloire de Dieu et de la religion? Est-il une vie au monde plus pleine que celle de cet apôtre, et n'eut-il pas à souffrir plus de douleurs, à affronter plus de dangers que le plus intrépide marin?

Lorsque ces infatigables athlètes disparurent de l'arène où ils avaient si courageusement combattu, les missions eurent beaucoup à souffrir, car il n'était pas facile de remplacer cette organisation forte et puissante qui embrassait le monde entier. Aussi, bien des chrétientés nouvelles disparurent, et les

8

bienfaits de l'Évangile furent perdus pour plusieurs générations.

En 1622, on voulut donner une organisation régulière aux travaux des missions étrangères, et dans ce but, la congrégation de la Propagande) *de Propaganda fide* ) fut fondée par le pape Grégoire XV, continuée par Urbain VIII, et enrichie par les bienfaits des papes, des cardinaux et d'une foule de personnes pieuses. Cette congrégation, composée de plusieurs cardinaux, est chargée de veiller aux besoins divers des missions de tous les pays, et de prendre les moyens de les faire prospérer. On construisit un collége pour élever un grand nombre de sujets de différentes nations, afin de les mettre en état de travailler aux missions dans leur pays. Une riche imprimerie, fournie de caractères de cinquante langües, une ample bibliothèque, remplie de tous les livres nécessaires aux missionnaires, des archives dans lesquelles sont rassemblés les lettres et les mémoires venant des missions ou qui les concernent, telles sont les richesses de cet établissement, qui a plus rendu de services à l'humanité que tous les livres de nos publicistes, philosophes et économistes anciens et modernes.

La France, la fille aînée de l'Église, n'était pas restée en arrière de ce mouvement de prosélytisme chrétien. Elle comptait un nombre considérable de ses enfants parmi les missionnaires des différents ordres qui portèrent les premiers la parole de Dieu au delà des mers. Le même esprit qui avait présidé à la fondation de la congrégation de la Propagande à Rome, inspira la création à Paris du séminaire des Missions-Étrangères. Cet établissement, fondé en 1663 par le Père Bernard de Sainte-Thérèse, carme déchaussé et évêque de Babylone, était destiné à former des ouvriers apostoliques pour les pays étrangers.

Outre cette maison principale, on comptait plus de
quatre-vingts séminaires moins considérables, mais
fondés pour le même objet.

L'établissement des Missions-Étrangères a fait
connaître le nom français jusqu'aux extrémités du
monde. C'est que le missionnaire sert de lien entre
ceux auxquels il s'est dévoué et la nation à laquelle
il appartient; car il proclame ces deux grandes
maximes chrétiennes, que Dieu est le père de toutes
les nations, et que tous les hommes sont frères.
Aussi dirons-nous, avec un auteur moderne, à ceux
qui veulent avant tout voir une couronne de gloire
sur la tête d'un peuple et le sceptre de la puissance
morale dans sa main, que c'est là un des infaillibles
résultats de l'œuvre des missions et de l'appui qu'un
peuple leur donne. D'où vient que la France est
encore appelée par les Chinois la Chine de l'Europe,
la mère des sciences et des arts? Pourquoi un ambas-
sadeur français, sans mission spéciale de son gouvernement, obtient-il par un seul mot ce que d'autres
n'emportent qu'à coups de·canon? C'est que depuis
la fondation de la chrétienté chinoise par le révérend
Père Ricci, jésuite, la nation française, par ses missionnaires, a toujours été avantageusement connue
dans le Céleste-Empire. Pourquoi le nom de Louis XIV
et celui de la France sont-ils toujours demeurés si
grands dans les Indes, en Perse, en Syrie? Pourquoi
les ambassadeurs de Siam se montraient-ils à Versailles avec les chefs des tribus américaines? Évi-
demment tous ces faits et tant d'autres sont le résultat
politique de nos missions. Partout où un missionnaire français a porté l'Évangile, il a réuni autour
de lui quelques indigènes pour leur faire embrasser
la foi chrétienne; ces indigènes, après la reconnaissance qu'ils devaient à ceux qui les avaient éclairés,
n'ont pas refusé un égal tribut de reconnaissance

à la nation qui avait envoyé ces hommes divins.

A ceux qui avec la gloire veulent encore des avantages positifs pour la politique et le commerce, les faits démontrent que la puissance morale acquise par l'œuvre des missions donne tout cela, et beaucoup mieux que ne peut le faire la puissance matérielle quand elle est seule. En Amérique, on a vu pendant plusieurs siècles comment on parvenait à soumettre les tribus indigènes ; assurément, si la puissance espagnole n'avait eu, pour en faire la conquête, que ses soldats, leur cupidité et la cruauté de leurs chefs, l'Espagne aurait pu, à force de temps et d'armées, soumettre l'Amérique à sa domination, mais elle n'eût régné que dans un désert. A côté de la force brutale il y avait une force morale pour faire la conquête des conquêtes, celle des cœurs; Las Casas seul a plus fait qu'une armée de cent mille hommes (1).

Puisque nous venons de nommer cet homme vénérable, ce véritable type du missionnaire catholique, qu'il nous soit permis de raconter quelques-uns des traits de sa vie, qui ne fut qu'un long et continuel apostolat au milieu des peuplades du Nouveau-Monde. Ce ne sera pas une digression, mais un complément du sujet que nous traitons.

Pour bien comprendre la mission de Las Casas, il faut se rappeler ce qu'était devenue l'Amérique sous la domination de ses nouveaux maîtres.

Après avoir pillé l'or, les perles, tout ce qui avait un prix immédiat, les Espagnols s'étaient emparés des hommes eux-mêmes, les avaient appliqués au travail comme des esclaves, et cela avec si peu de ménagement, qu'en dix années quinze millions d'Indiens périrent, et qu'on transforma en solitudes des

(1) L'abbé Lacoste, *Encyclopédie catholique*, au mot *Missions*.

pays que Las Casas compare, dans sa relation, « à des jardins et à des ruches. »

Cette mise en coupe réglée d'une population tout entière avait été, du reste, régularisée par le gouvernement espagnol. Un *distributeur* nommé par lui partageait les peuplades vaincues entre les vainqueurs. Les excès de tous genres auxquels donnaient lieu ces *départements d'Indiens* ( c'était le terme consacré) excitèrent l'indignation des dominicains d'Hispaniola ( Saint-Domingue), envoyés en Amérique en qualité de missionnaires. L'un d'entre eux, nommé Barthélemy de Las Casas, se signala surtout par la force et la constance avec lesquelles il s'éleva contre tant d'abus.

La famille de ce missionnaire était originaire de France, appartenant à la noblesse du Languedoc (1). Le père de Las Casas avait été un des compagnons de Christophe Colomb; il conduisit à Hispaniola le jeune homme, qui n'avait encore que dix-huit ans, et qui se prit d'affection et de pitié pour les pauvres Indiens. Ordonné prêtre, il revint les protéger de son saint caractère.

Les excès des conquérants étaient au comble; non contents d'employer les vaincus aux travaux les plus pénibles, ils leur refusaient la nourriture; si bien que les routes étaient couvertes de malheureux qui mouraient en criant : *Hambre! hambre!* ( faim! faim!) seul mot espagnol qu'ils eussent appris à prononcer. Las Casas reprocha avec énergie à ses compatriotes le crime dont ils se rendaient coupables devant les hommes et devant Dieu. Toujours prêt à consoler les opprimés, à les secourir, à réclamer pour eux l'exécution des règlements, il s'exposa sans crainte à la colère des vainqueurs. Il fatiguait la cour de

(1) L'auteur du *Mémorial de Sainte-Hélène*, le comte de Las Case, appartient à cette famille.

Madrid de ses relations et de ses suppliques. Les malheureux Indiens, qui n'avaient d'espérance qu'en lui,
le respectaient comme un être au-dessus de l'humanité. Son nom était connu dans toutes les îles et sur
le continent.

Après un grand nombre de tentatives inutiles pour
arrêter ces affreux désordres, Las Casas se décida à
partir pour l'Espagne, et à dénoncer lui-même au roi
ce qui se passait.

Son apparition à la cour produisit une grande sensation. « A la vivacité française qui décelait son origine, dit un de ses historiens, Las Casas joignait une
sensibilité communicative, une grâce passionnée
qu'un contemporain s'est efforcé de faire comprendre
en disant qu'il était *persuasif* et *violent*. » Il parla au
roi avec tant d'onction et de hardiesse qu'il l'ébranla.
Le cardinal Ximenès, également touché, nomma Las
Casas *protecteur universel des Indiens,* et envoya une
commission de religieux hiéronymites à Hispaniola
examiner les faits. Mais le mauvais vouloir des agents
subalternes du gouvernement empêcha ces religieux
d'accomplir leur mission.

Las Casas, loin de se décourager par cet échec,
conçut un nouveau plan de colonisation des Indiens,
au moyen duquel il se faisait fort de les réunir en
villages et de les convertir.

Ce projet, visiblement avantageux, ne fut point
repoussé, mais on l'ajourna sans cesse, et quand,
sur les sollicitations de l'ordre entier des dominicains, on se décida à le mettre à exécution, il était
trop tard : la guerre qui venait d'éclater entre les
Espagnols et les Indiens, avait aigri ces derniers au
point qu'ils refusèrent d'écouter les propositions de
Las Casas, qui se retira au couvent d'Hispaniola.

Les colons vinrent le trouver dans sa retraite pour
le prier de s'entremettre auprès des Indiens et de

négocier la paix. Las Casas y consentit, et réussit
à leur faire déposer les armes. Dès qu'ils furent
soumis, les Espagnols les surprirent et les massacrèrent.

Cette dernière trahison ralluma l'ardeur du saint
missionnaire; il repassa en Espagne pour demander
justice; mais il rencontra des difficultés inattendues.
Ce fut alors qu'il se décida à écrire sa *Brève Relation
de la destruction des Indiens*, un des livres les plus
curieux qui aient été publiés sur le Nouveau-Monde.
L'auteur termine le terrible procès-verbal des cruau-
tés commises sur les peuplades de l'Amérique par
cette admirable péroraison :

« Moi, Frère Barthélemy de Las Casas, religieux
« de Saint-Dominique, venu par la miséricorde de
« Dieu dans cette cour d'Espagne pour que l'enfer
« soit retiré des Indes, et aussi poussé par le soin
« et la compassion de ma patrie, qui est Castille,
« afin que Dieu ne la détruise pas pour les grands
« péchés commis contre sa foi, son honneur et le pro-
« chain, j'achève ce traité sommaire à Valence, le
« 2 décembre 1542.

« Le dommage qu'ont reçu les couronnes de Cas-
« tille et de Léon de ces dégâts et tueries, les
« aveugles le verront, les sourds l'ouïront, les muets
« le crieront et les sages le jugeront.

« Et parce que je ne puis plus désormais vivre
« longtemps, j'appelle à témoin Dieu et toutes les
« hiérarchies, et les ordres des anges, tous les saints
« de la cour céleste et tous les hommes du monde,
« de l'attestation que j'en donne et de la décharge
« que j'en fais de ma conscience. »

Cet éloquent plaidoyer n'eut aucun résultat; on se
contenta de nommer Las Casas évêque de Chiapa au

Mexique. Il partit pour son évêché, où il continua à
protéger les malheureux auxquels il avait dévoué
toute sa vie. Enfin, vers 1551, il se démit de ses fonctions, revint en Espagne, âgé de soixante-dix-sept
ans, et il y mourut peu après.

Pour remplacer aux Antilles et sur le continent
américain les populations indigènes détruites par les
causes que nous venons d'indiquer, les Espagnols,
les Portugais, et bientôt à leur exemple les Français, les Anglais, les Hollandais, allèrent sur la côte
de Guinée et le long du littoral de l'Afrique acheter
des esclaves nègres que leur vendaient les chefs ou
rois de ces contrées. Telle fut l'origine de ce trafic
infâme, connu sous le nom de *traite*, qui, jusqu'à
nos jours, a déshonoré les nations chrétiennes. Les
ministres de la religion furent impuissants à empê-
cher cette nouvelle réorganisation de l'esclavage, que
la religion avait détruit dans l'ancien monde. Leurs
efforts durent alors se borner à instruire les nouveaux
esclaves, à leur enseigner les vérités de la religion,
qui seule pouvait adoucir les rigueurs de leur condition, et à rappeler aux maîtres que leurs esclaves,
malgré la couleur de leur peau, n'en étaient pas
moins leurs frères, rachetés comme eux par le sang
de Jésus-Christ.

Le zèle des missionnaires n'a pas été infructueux,
et, grâce à la religion, il est arrivé que les colonies
à esclaves, surtout les colonies françaises, ont étendu
à une race étrangère, d'une manière directe, immédiate, le bienfait de la civilisation chrétienne. On
peut discuter sur la valeur de ce bienfait et sur le prix
auquel l'Européen se l'est fait payer; mais, en écar-
tant les doctrines et les théories controversables pour
ne voir que les faits, on est obligé de reconnaître que
jamais la mission civilisatrice des colonies ne reçut
une application tout à la fois plus sûre et plus hardie.

Arracher à la barbarie et presque à la dent d'un maître sauvage (1) des esclaves voués à toutes les plus grandes misères de l'âme et du corps; les attacher au blanc comme une portion de sa famille et de lui-même, et lui donner sur eux une autorité étendue seulement jusqu'aux bornes de l'autorité paternelle; leur assurer, dans un esclavage ainsi modifié et adouci, des droits positifs à la nourriture, au vêtement, au logement et aux soins médicaux pendant toute leur vie; imposer au maître, pour condition de ses droits, l'initiation chrétienne par le baptême et l'instruction religieuse; placer ce nouveau chrétien sous la protection des lois françaises et des magistrats, et lui offrir comme encouragement la perspective de la qualité de citoyen : c'était là, certes, une conception qui ne pouvait soulever *a priori* que des scrupules économiques, et dont la hardiesse, sous ce rapport, dut paraître ne pouvoir être justifiée que par des succès matériels. Nous n'avons à juger ici que ceux d'une autre nature.

Rien n'avait été oublié pour que le rapprochement des deux races, opéré par la traite, fût fécond en fruits de civilisation. Fondé sous les auspices de la religion à une époque où elle jouissait de toute sa puissance, de toute sa liberté, de toute sa dignité, le système colonial put livrer aux enseignements de l'Évangile les seules populations que la pieuse milice des religieux n'avait pu aller chercher dans leur propre pays.

Le nègre n'avait dans son pays, sous l'autorité d'un maître impitoyable, ni religion, ni industrie, ni vêtements, ni nourriture assurée; le système colonial

___

(1) Il faut se rappeler que les noirs achetés sur la côte d'Afrique étaient soit des prisonniers de guerre, soit des esclaves appartenant à des maîtres d'une cruauté inouïe, et que quelques-uns mêmes étaient anthropophages.

8*

lui a donné tout cela avec certitude et sécurité en
échange d'un travail modéré, et de plus, des espérances dont la réalisation successive était pour sa
race un bienfait perpétuel.

Avant 1848, trente mille familles libres, chrétiennes,
françaises, civilisées, étaient déjà le fruit de ce système,
dans les seules colonies françaises ; Saint-Domingue
en est sorti, et, malgré un sevrage prématuré accompagné de la plus déplorable crise, cet enfant de la
France, grâce aux efforts de la religion, ne rentrera
pas, il faut l'espérer, dans le néant de la sauvagerie
africaine (1).

Aujourd'hui, il n'y a plus d'esclaves dans nos colonies ; nous avons vu que quelques troubles avaient
accompagné leur émancipation ; mais le calme a été
promptement rétabli, et, grâce à l'influence salutaire
que le clergé exerce sur cette partie de la population,
il faut espérer qu'il ne sera plus troublé.

PRINCIPALES CONGRÉGATIONS DE FRANCE QUI SE CON-
SACRENT AUX MISSIONS. — *Missions-Étrangères.* — Nous
avons déjà parlé de la fondation de cette congrégation, si intéressante et qui a rendu tant de services.
Cet établissement a subi bien des vicissitudes par
suite de nos révolutions, mais il s'est relevé de ses
ruines, et il continue avec autant de zèle et de persévérance que jamais son œuvre civilisatrice. Ses
maisons principales sont établies en Asie, en Corée,
au Japon, en Mandchourie, en Chine, en Cochinchine, au Thibet, à Siam, dans l'Inde, à Pondichéry, etc.

Le séminaire des Missions-Étrangères, situé rue du
Bac à Paris, est regardé comme la maison mère et le
noviciat de la congrégation ; il est dirigé par quelques-uns de ses membres, dont la plupart sont mis-

(1) *Encyclopédie catholique*, au mot *Colonies.*

sionnaires députés des missions; car, d'après les
constitutions de ce corps respectable, les évêques et
les prêtres européens de chaque vicariat apostolique
ont le droit d'envoyer un représentant à Paris. C'est
de cette maison célèbre que sortent tous ces nombreux enfants, ces hommes généreux qui vont à travers mille périls annoncer Jésus-Christ aux peuples
des Indes, de la Chine et des royaumes voisins du
Céleste-Empire. Mais en quittant la France, les missionnaires ne restent point oubliés : la sollicitude de
leurs confrères de Paris les suit au delà des mers.
Au sortir des vaisseaux qui les ont portés sur les
rivages lointains, ils entrent dans la maison de pro-
cure, dont les supérieurs, nommés par les directeurs
du séminaire de Paris, ont soin de les faire pénétrer
dans leurs missions respectives; et une fois arrivés
au lieu de leur destination, ils sont reçus comme des
frères par les vicaires apostoliques, qui sont eux-
mêmes membres de la congrégation.

*Congrégation des Prêtres de la Mission (Lazaristes).*
— Le berceau de cette institution fut le collége des
Bons-Enfants, dont saint Vincent de Paul était devenu
principal. C'est là qu'il commença à réunir autour de
lui cette poignée de saints prêtres qui partageaient
son zèle et ses sentiments pour les pauvres. Le nombre
de ces ouvriers évangéliques, croissant de jour en
jour, fut bientôt assez grand pour former une congrégation qu'en 1632 le pape Urbain VIII approuva,
ainsi que les constitutions admirables de son fonda-
teur. L'année suivante, pour exciter encore et récom-
penser le dévouement des missionnaires, les chanoines
réguliers de Saint-Victor leur cédèrent le prieuré de
Saint-Lazare, au faubourg Saint-Denis, qui devint le
chef-lieu de la congrégation, et qui leur a fait donner
le nom de *Lazaristes.* Ce vaste établissement s'est
vu changé tour à tour sous leur direction en vastes

greniers d'abondance, où les pauvres de la capitale et des provinces les plus reculées trouvèrent une ample nourriture, et en maison de retraite ouverte à tous les cœurs pénitents qui voulaient cicatriser leurs blessures et chercher un soulagement à leurs maux.

Dispersés sous le règne de la Terreur, les Lazaristes n'ont point quitté le sol de la France ; Paris et les provinces environnantes leur ont fourni des amis sûrs et fidèles, auprès desquels ils ont caché leurs vertus, en attendant des temps meilleurs. Ces temps sont venus. Sous l'Empire ils ont pu de nouveau se montrer sans crainte, et la Restauration leur a permis de se rassembler en corps. A la faveur de legs pieux, ils se sont procuré le nouvel établissement qu'ils occupent à Paris, rue de Sèvres. C'est de cette maison que partent les missionnaires destinés aux établissements que les Lazaristes ont fondés dans toutes les parties du monde, savoir : en Europe, Grèce et Turquie ; en Asie, Syrie, à Smyrne, Perse et Chine ; en Afrique, Abyssinie, Égypte, Algérie ; en Amérique, les États-Unis, le Mexique, le Brésil.

*Congrégation des Sacrés-Cœurs et de l'Adoration perpétuelle* (séminaire de Picpus, rue de Picpus, 33). — Cette congrégation, qui a spécialement pour but les missions et l'enseignement dans les colléges et les séminaires, possède plusieurs établissements en France, en Belgique, dans le Chili, au Pérou et en Californie. Le Saint-Siége lui a confié les missions de l'Océanie orientale, où elle envoie tous les ans des ouvriers évangéliques.

*Société des Prêtres de la Miséricorde, sous le titre de l'Immaculée-Conception* (ancienne société des Missions de France, établie rue de Varennes, 15, à Paris). — Cette congrégation, approuvée par le souverain pontife Grégoire XVI, le 18 février 1834, a pour objet les missions en France, les retraites,

les colléges, les missions étrangères. Elle est affiliée
à la sainte congrégation de la Propagande.

Cette congrégation a son noviciat à Orléans et une
maison à Bordeaux. — Elle a une maison à New-York,
chargée de desservir l'église Saint-Vincent-de-Paul-
des-Français dans cette ville ; elle possède enfin une
autre maison aux États–Unis, à Saint-Augustin, dans
la Floride de l'Est.

*Congrégation du Saint-Esprit et du Saint-Cœur-
de-Marie* (rue des Postes, 30). — Cette congrégation, établie en 1703, supprimée en 1792, rétablie
en 1805, supprimée de nouveau en 1809, rétablie
enfin d'une manière définitive par ordonnance royale
du 3 février 1816, est spécialement chargée d'élever
de jeunes prêtres pour le service du culte dans les
colonies. Le séminaire du Saint-Esprit, qu'elle dirige,
sert de séminaire diocésain pour la Martinique, la
Guadeloupe et l'île de la Réunion. Tous les établissements ecclésiastiques de nos colonies sont tenus par
des prêtres appartenant à cette congrégation, comme
on peut le voir dans l'article suivant.

ÉTABLISSEMENTS ECCLÉSIASTIQUES ET RELIGIEUX DANS
NOS COLONIES.— NOUVEAUX ÉVÊCHÉS.—Jusqu'à ces dernières années, le clergé de chacune de nos principales
colonies avait pour chef un vicaire ou un préfet apostolique, qui relevait spirituellement de la Propagande.
En 1850, sur la demande du gouvernement français,
le souverain pontife érigea en siéges épiscopaux les
villes de la Basse-Terre, à la Guadeloupe ; de Saint-
Denis, à l'île de la Réunion ; et de Fort-de-France, à la
Martinique; en leur assignant pour circonscription
diocésaine, savoir : au diocèse de la Basse-Terre, la
Guadeloupe, Marie-Galande, les Saintes, la Désirade
et la partie française de l'île Saint-Martin; au diocèse
de Saint-Denis, l'île de la Réunion ou île Bourbon,
l'île Sainte-Marie de Madagascar, et les autres dépen-

dances de l'île de Madagascar appartenant aux Français ; au diocèse de Fort-de-France, l'île de la Martinique.

L'année suivante, un décret du prince président
détermina l'organisation de ces nouveaux évèchés.
« En attendant, est-il dit dans ce décret, article 5,
que des chapitres cathédraux et des grands et petits
séminaires puissent être formés dans ces diocèses,
le séminaire du Saint-Esprit à Paris (rue des
Postes, 30), servira de séminaire commun aux trois
évêchés coloniaux. » Les articles suivants détermi-
nent les droits et prérogatives des évêques dans leurs
rapports avec l'autorité coloniale, les honneurs et
préséances auxquels ils ont droit dans différentes
circonstances, etc.

Le clergé chargé de desservir la Guyane française
appartient à la congrégation du Saint-Esprit. Il y a
un préfet apostolique à Cayenne, et des missionnaires
faisant les fonctions de curés dans la plupart des
villes et bourgs de la colonie. Le collége de Cayenne
est également dirigé par des prêtres de la congrégation du Saint-Esprit. Il y avait en outre, dans cette
mission, en 1851, vingt-un frères de la Doctrine chrétienne, vingt-deux sœurs de Saint-Joseph, et douze
sœurs de Saint-Maurice de Chartres. Il est probable
que la détermination prise par le gouvernement de
faire de la Guyane une colonie pénitentiaire, et l'envoi
qui a déjà eu lieu d'un grand nombre de condamnés,
auront dû apporter des modifications considérables
relativement au personnel du clergé, devenu désormais insuffisant pour les besoins de la nouvelle population; mais nous manquons absolument de renseignements à cet égard.

La congrégation du Saint-Esprit entretient également des établissements et des prêtres à Saint-Louis
du Sénégal, à Gorée, à Madagascar, à Sainte-Marie,

à Mayotte, à Pondichéry, à Chandernagor, et à Saint-Pierre et Miquelon.

Ajoutons enfin, et comme complément de ce chapitre, que de nos jours, une association s'est formée sous le nom d'*Association pour la Propagation de la foi*, et que son but est l'œuvre des missions étrangères. Fondée d'abord en France, elle s'étend maintenant dans toute la chrétienté. Les biens qu'elle a produits sont immenses ; mais à mesure qu'elle se développera elle pourra étendre plus loin ses efforts, et faire entrer dans le sein de la grande famille les peuples malheureux qui dorment encore *dans les ténèbres à l'ombre de la mort...*

Nous bornerons ici ce que nous avons à dire des missions françaises dans les diverses parties du monde ; cet aperçu, quoique bien succinct, suffira nous l'espérons, pour faire voir que si la France a moins conquis de peuples à sa domination que ne l'ont fait d'autres puissances, en Asie et dans le Nouveau-Monde, elle a du moins autant et plus que personne contribué à l'œuvre de la régénération humaine par la propagation de la foi, et cette gloire en vaut bien une autre.

FIN

# TABLE

## CHAPITRE IX.

## CHAPITRE X.

## CHAPITRE XI.

## CHAPITRE XII.

## CHAPITRE XIII.

## CHAPITRE XIV.

Tours, Imp. MAME.

www.ingramcontent.com/pod-product-compliance
Lightning Source LLC
Chambersburg PA
CBHW070400090426
42733CB00009B/1473